増補改訂版

イラストと図解でよくわかる！

前向き離婚の教科書

損せず、もめず、
スムーズに
よりよい離婚を
考える人へ。

監修 弁護士
森元みのり

日本文芸社

登場人物

山田ファミリー

武史　(40 歳)

頭が固く、不器用。会社では切れ者で通っているが、神経質で細かく、家事についてもあれこれ口を出してくる。

翔太　(10 歳)

明るく元気な小学４年生。天真爛漫に見えるが、実は両親に仲良くしてもらいたいと、気を遣っている。

真紀　(36 歳)

この本の主人公。パート勤めの主婦。のんびり屋だが、頑固な一面も。夫と性格が合わず、ストレスを溜める日々。

佐藤ファミリー

智子　(46 歳)

真紀のいとこで、お姉さんのような存在。離婚を機にヨガのインストラクターになり、シングルライフを満喫中。

健太　(27 歳)

爽やかな雰囲気でやさしいところがあるため、会社や取引先で人気。その一方で、優柔不断さが難点。

美咲　(28 歳)

真紀のパート先の社員。気が強く、夫を尻に敷いている。おしゃれ好きで華やかなタイプだが、意地っ張りでさみしがり屋。

おい
チュン
チュン
なんだよ これ
あ♪ それ かわいいでしょ？
翔太の帽子
ジャ
…また 無駄遣いして…
え…
オレが働いた金を どうして大事に 使ってくれないかなぁ
誰のおかげだと思ってる
またこれだ…
・・・
自分の趣味には つぎ込むのに… 私だってパートで 生活費を補てんしてるじゃない
ジャー
家のローンも あるし もっとしっかり してくれよ
…はい…
ジャー

あんな言い方
しなくても
いいのに…
結婚して
12年経つけど
ジャー
ジャー
ガシャ
ガシャ
キュッ
いろんなことで
ぶつかりがち
もったいない
ほんとにおまえは
無駄なことしか
しないな
……
イライラ
特売
トイレットペーパー
¥198
先着○名
ティッシュペーパー
¥298
ほら
丸付けといたから
これ買っておいて
しっかりしてくれよ
はい…
いってらっしゃい
価値観も
金銭感覚も違い
お互いに
別の方向を見てる
SUPER
えーと
これと…
これと…
ビールも…

けっこう
いっぱいに
なっちゃった
ずっしり
持つよ
ありがと
うちの人
あんなふうに
気遣ってくれたこと
あったかなぁ…
買い物めんどくさいっ
スタスタ
ビール重い…
おい
トイレットペーパーは?
あ…
忘れちゃった
おまえは
頼んだことも
できないのか!?
チラシ持って
いったのに
忘れるなんて!
主婦としての
自覚が足りないから
ダメなんだ!
だらしがないんだよ
おまえはっ
オレは仕事
してんだぞっ
お前はパート
だろっ
いつも悪いのは
私…
……
ぐっ

翌朝…
パパ おはよう！
おはよう 翔太、今日は どこへ 行くの？
本当は 私に聞きたいくせに 話しかけてこない
だから私も 話しかけない
今日は お友達と公園で バーベキューを するんだよね～
そうだよ！
パパも 早くっ
翔太や他の 人の前では 仲の良い夫婦を 演じているけれど
こんにちは
家での会話は ほとんどない
ただあの人が 私をなじるだけ
理解し合うこともないし 気持ちのうえでは 「家庭内離婚」状態だけれど
翔太が 大きくなるまで 離婚は…

だからこそ翔太は
しっかり育ってほしい
でも…
大学まである
私立に
進学させたいわ
え？
公立でいいよ
もったいない！
翔太の進路でも
意見が合わない
もったいないって
翔太の将来
考えてるのかしら
イラ イラ
おいっ!!
これ洗濯しとけって
頼んだだろ！
頼んだことぐらい
ちゃんとやってくれよ
一日家にいて
なにやってんだよっ
…
もうダメかな
このままだと
自分がおかしく
なりそう
次の日…
元気!?
ひさしぶりー♪
智子さん…なんか
離婚してから
キラキラしてますね
じつは私も真剣に
離婚を考えようかと…
またいつもの
グチ？
冗談じゃなくて
本気なんで！
わかった
じゃあ
ちゃんと聞くけど

自分の心は整理されてるの？
離婚は人生の重大な決断だから一時的な感情で決めるのではなくじっくり考えて慎重に判断するべきよ
キリッ
はいっ
ピシッ

確認シート❶　自分の気持ち

✔ 離婚を考えている理由は何ですか？

理由

いつ頃から？

きっかけは？

それは解決・解消できますか？

✔ 離婚を決意できない原因、迷う理由は何ですか？

理由

それは解決・解消できますか？

✔ 結婚当初と現在の配偶者への率直な気持ちを書いてみましょう。

	結婚当初	現在
プラス面		
マイナス面		

✔ 夫婦関係を再構築できる可能性はありますか？　そのために必要なことは？

✔ 離婚について相談できる人はいますか？　それは誰ですか？

✔ （子どもがいる場合は）子どもにきちんと離婚の理由を話すことができますか？　どのような話をするのか具体的に書いてみましょう。

確認シート❷　離婚後のライフプラン

- 当面の生活費は確保できていますか？　金額も書いてみましょう。

- 自分の１か月の生活費を把握できていますか？　具体的に何にいくら必要かを書いてみましょう。

- 離婚後のライフプランを具体的に書いてみましょう。

住む場所

仕事と働き方

心の支えとなること

- （子どもがいる場合は）離婚後の子どもとの生活を具体的に描けていますか？

生活スタイル

必要な教育費と工面の方法

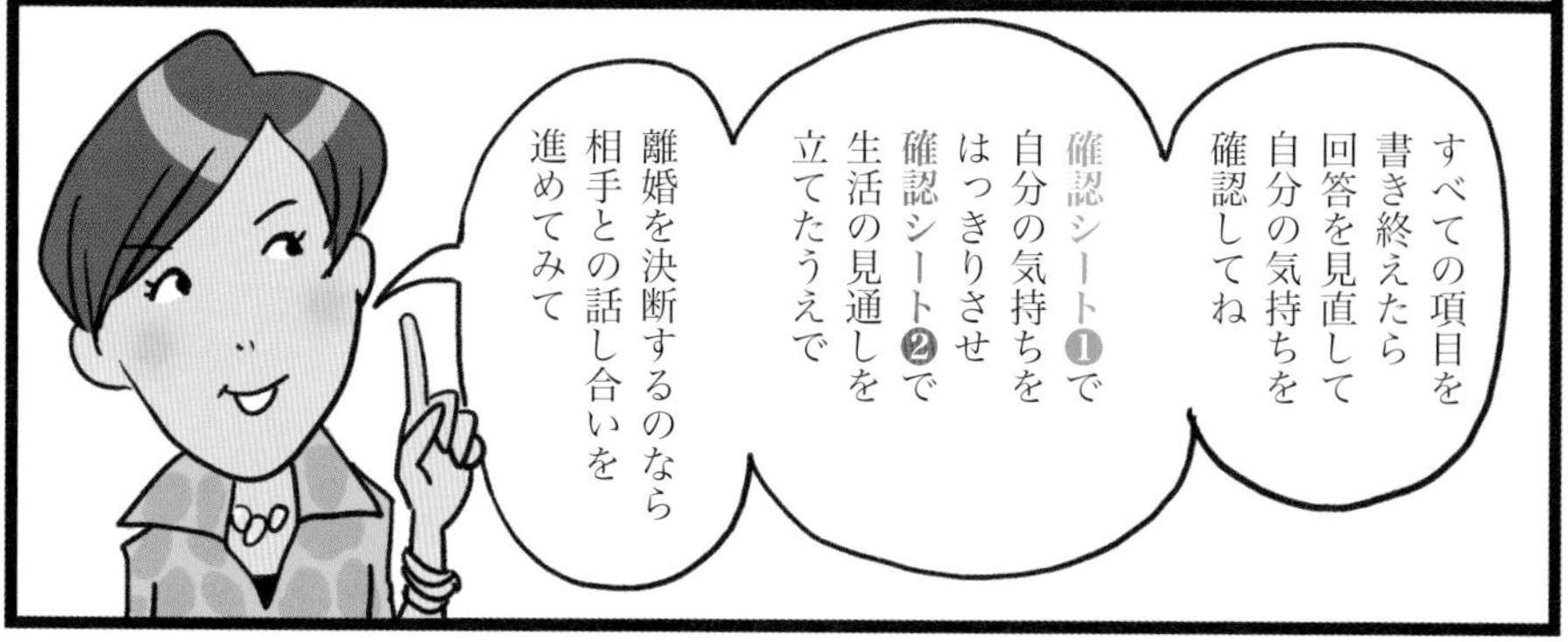

すべての項目を書き終えたら回答を見直して自分の気持ちを確認してね
確認シート❶で自分の気持ちをはっきりさせ確認シート❷で生活の見通しを立てたうえで
離婚を決断するのなら相手との話し合いを進めてみて

離婚の流れ

離婚を考えてから離婚が成立するまで

START

心を整理する

P. 8～9の「確認シート」で、まずは気持ちを整理します。あわせて、生活やお金のことも確認しましょう。

やり直したい

迷う

相談する

ひとりで考えても結論が出ないときは、信頼できる身近な人に相談しましょう。それでも答えが出ない場合は、弁護士などの専門家に相談してみましょう。

やり直したい

離婚を決意

離婚を決意

夫婦で話し合う

離婚の意思が固まり、心の準備が整ったら、相手に伝えます。感情的にならず、冷静に話し合いましょう。

離婚を考えてから
離婚するまでは
このような流れに
なっているの
離婚の方法は
大きく分けると
「協議離婚」
「調停離婚」
「裁判離婚」の
3種類があるのよ

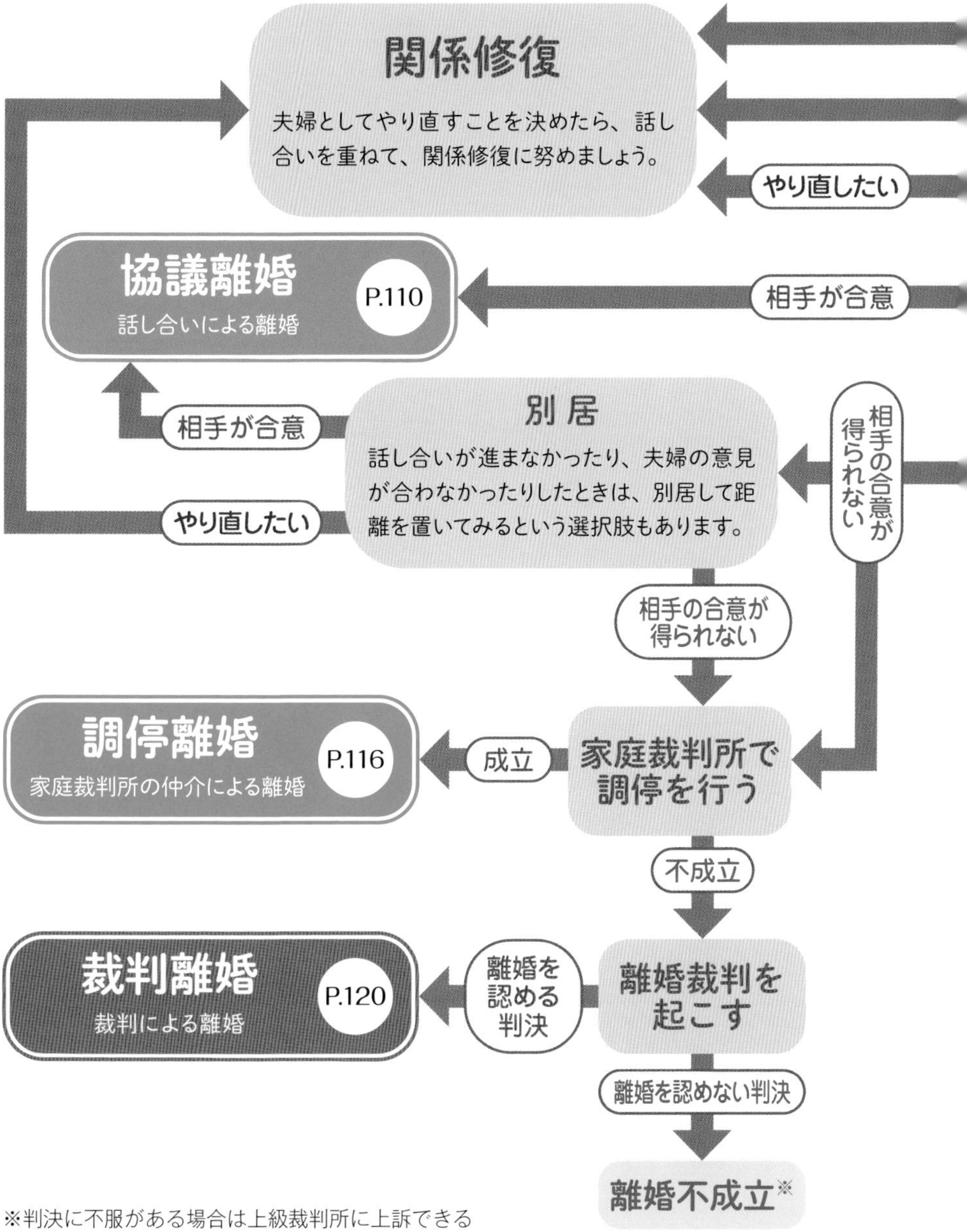

※判決に不服がある場合は上級裁判所に上訴できる

教えて！
離婚のキホン 1

Q 離婚前に準備すべきことって？

A どうして離婚したいのかを具体的にしましょう。離婚を決心したら、夫婦で築いた財産や親権について調べます。

まず、離婚の理由を明確にする

協議離婚、調停離婚、裁判離婚のいずれにおいても、**明確な理由が必要**です。

協議離婚や調停離婚では、離婚の理由を問われることはありませんが、相手が納得できる理由を示さなければ、離婚の合意を得るのは難しくなります。

裁判離婚の場合は、民法が定める５つの離婚理由（➡P.120）のいずれかに当てはまらなければ、離婚が認められません。裁判を見据えて離婚理由の裏付けとなる証拠を集めておく必要もあります。

離婚の理由がはっきりしないのなら、決断を急がずに、もう一度自分の気持ちを見つめ直して、本当に離婚すべきなのかを冷静に考えてみましょう。

次に、お金と子どもに関する情報を整理する

離婚の意思を固めたら、離婚へ向けての準備を始めます。

離婚の際に大きな問題になるのは、お金の件です。結婚後に夫婦で築いた財産は夫婦で分け合うことになるので、まずは共有の財産を把握しましょう。また、離婚の種類によっては、手続きにかかる費用（➡P.15）を用意しておく必要があります。

未成年の子どもがいて、**親権**を取りたい場合は、**子どもの生活環境の準備**も欠かせません。養育費や子どもの預け先、進学先について調べておくようにします。

さらに、離婚後の生活に向けて準備を始めることも大切です。安定した生活を送れるよう、離婚後の家計をシミュレーションしたり、仕事や住まいを探したりして、**離婚後の生活設計を立てて**おきましょう。

離婚は計画的に！ 決意する前の To Do リスト

話し合いや裁判を有利に進めるために

1. 離婚の理由を明確にする

□離婚したい具体的な理由をノートなどに書き出してみる

□民法が定める5つの離婚理由（不貞、暴力など）に当てはまるかを確認する（➡ P.120）

□不貞や暴力などが離婚理由の場合は、証拠を集める（➡ P.124、P.126）

もらえるお金を漏れなく受け取るために

2. 夫婦の共有財産を把握する

□結婚後に夫婦で築いた財産をすべて把握する（➡ P.16）

□お金について明確な話し合いができるよう、預貯金通帳や源泉徴収票など、共有財産に関する資料を集める（➡ P.16）

子どもが安心して生活できるように

3. 子どもに関する情報を集める

□親権を取りたいときは、母子手帳、育児日記など、子どもの養育にかかわってきた証拠となるものを集める（➡ P.70）

□養育費を調べる（➡ P.84 ～ 87）

□子どもの進学先や預け先を調べる（➡ P.168）

自立した生活を送るために

4. 離婚後の生活設計を立てる

□離婚後の生活に必要な手続きをピックアップする（➡ P.162 ～ 169）

□別居先を確保する

□生活設計に見合った仕事を探す

教えて！

離婚のキホン 2

Q 離婚にかかるお金ってどれくらい？

A 離婚の方法はいくつかあり、それによって、手続き費用は0円から100万円超までと、大きく異なります。

手続きにもお金がかかる

離婚手続きには、お金がかかる場合があります。手続き費用の総額は、離婚の方法や手続きの方法によって大きく変わってきますが、主な費用として、公正証書作成費用、調停や裁判の手続き費用、弁護士費用、調査費用が挙げられます。

協議離婚と調停離婚は自分で手続きするなら少額

協議離婚の場合、離婚届を提出するだけならば、ほとんど**お金はかかりません**。ただし、離婚にあたり夫婦で話し合った内容を公正証書にまとめる場合は、左ページに記載された**公正証書作成手数料が必要**になります。書類の作成を弁護士などの専門家に依頼するのであれば、さらにお金がかかります。

調停離婚の場合、自分で手続きをすると、収入印紙代と郵便切手代を合わせた数千円ほどで済みますが、調停を弁護士に依頼する場合は**弁護士費用が必要**になります。離婚調停をする人のうち弁護士に依頼するのは半数に満たないのですが、近年増加傾向にあります。

裁判離婚はお金がかかる

裁判離婚は、手続きの費用だけならば数万円で済みますが、裁判手続きを自分で行うのは難しいため、**弁護士に依頼することが多い**のが実情です。さらに、浮気や不倫などの証拠集めを調査会社に依頼すれば、調査費用も必要になります。裁判手続きの費用、弁護士費用、調査費用などを合わせると、100万円を超える場合もあります。

いくらかかる？　離婚方法別の手続き費用

1. 協議離婚の場合

自分で手続きする	専門家に依頼する
公正証書作成手数料　5,000円～	離婚協議書作成費用　3万円～10万円程度 公正証書作成費用　5万円～15万円程度

公正証書作成手数料（抜粋）

目的の価額※	手数料
100万円以下	5,000円
100万円超200万円以下	7,000円
200万円超500万円以下	1万1,000円
500万円超1,000万円以下	1万7,000円
1,000万円超3,000万円以下	2万3,000円
3,000万円超5,000万円以下	2万9,000円
5,000万円超1億円以下	4万3,000円

※目的の価額：財産分与や慰謝料などを合わせた額

“離婚協議書の作成を弁護士などの専門家に依頼すると費用はかかるが、内容の漏れや法律的な不備を回避できるというメリットがある。”

2. 調停離婚の場合

自分で手続きする	弁護士に依頼する
収入印紙　1,200円 郵便切手　800円程度	着手金　20万円～30万円 報酬金　20万円～40万円 実費　交通費、通信費、収入印紙など

3. 裁判離婚の場合

自分で手続きする	弁護士に依頼する
収入印紙　1万3,000円～ 郵便切手　6,000円程度	着手金　20万円～40万円 報酬金　20万円～50万円 実費　交通費、通信費、収入印紙など
	調査会社に依頼する
	調査費用　30万円～100万円

教えて！
離婚のキホン 3

Q 夫婦の家や車や貯金はどうなる？

A **夫婦で築いた財産は、２分の１ずつ分けるのが基本。家や車など現時点での金額がはっきりしないものは、評価額を算出します。**

まずは財産となるものをリストアップ

離婚には、**お金の問題**が付きものです。お金の問題を解決する第一歩は、結婚後に夫婦が協力して築き上げた**共有財産を把握する**こと。夫妻どちらかの名義であっても、結婚後に夫婦が協力して取得した財産であれば、共有財産とみなされます。まずは、財産分与の話し合いに備えて、共有財産をリストアップしましょう。

財産には、現金、預貯金、株式・債券などの有価証券、不動産、自動車、生命保険金、退職金などの**プラスの財産**と、住宅ローン、借金などの**マイナスの財産**があります。どちらも財産分与の計算に組み込まれるため、両方をきちんと把握しましょう。

財産を確認できる資料を用意すべし

財産を確認するには、内容がわかる**資料を入手**します。預貯金なら通帳、生命保険なら保険証書、不動産ならば契約書や権利書です。年収は、会社員ならば源泉徴収票、自営業者ならば確定申告書の控えなどで確認できます。

不動産や自動車のように、金額がはっきりしないものは、現在の評価額を計算します。自分で調べることもできますし、専門家に査定を依頼する方法もあります。

なお、入手した**資料は、必ずコピーを取って**おきましょう。

離婚を切り出す前に調べるのがコツ

年収と財産のチェックは、**離婚を考え始めたらすぐに**行いましょう。離婚を切り出したあとでは、相手の通帳などを確認するのが困難になる場合があり、相手名義の財産を把握することが難しくなります。

どう調べるの？　夫婦の収入と財産

	財産の種類	確認方法
プラス	会社員の収入	会社が発行する源泉徴収票、市区町村が発行する課税証明書
プラス	自営業者の収入	確定申告書の控え、市区町村が発行する課税証明書
プラス	預貯金	預貯金通帳で、金融機関、支店、口座番号、預貯金残高、満期を確認。子ども名義の口座も含めて、家族全員の口座を調べる
プラス	有価証券（株式・債券）、投資信託	金融機関が発行する年間取引報告書などで、金融機関、支店、口座番号、所有する有価証券の種類、口数などを確認。評価額は原則として離婚成立時を基準とする。非上場株式は、会社の計算書類（貸借対照表、損益計算書）から計算することが多い
プラス	不動産	契約書、権利書を確認。法務局で登記事項証明書を取得するとよい。評価額は、不動産業者に簡易査定をしてもらう方法や、専門家に鑑定を依頼する方法がある（➡ P.44）
プラス	自動車	車検証を確認。評価額は、中古車業者に査定を依頼するか、インターネットで調べる
プラス	生命保険	保険証書で、保険会社、保険の種類、契約者、受取人、保険料、満期、解約返戻金を調べる
プラス	退職金	すでに支払われた場合は、退職金計算書や通帳で確認。 まだ支払われていない場合は、雇用契約書や就業規則などで退職金の有無や見込額を調べる
プラス	年金	「年金分割のための情報提供請求書」を年金事務所に提出して、「年金分割のための情報通知書」を入手する
マイナス	住宅ローン 借金	金融機関が発行する残高明細書で確認する

夫婦の共有財産には、結婚後に夫婦が購入した家電や家具などの家財道具、美術品、骨董品なども含まれます。話し合いが必要なものをリストアップしておきましょう。

教えて！

離婚のキホン 4

Q 子どもの親権と離婚後の生活はどうする？

A 親権は、普段から子どもと多く接している親が優先されます。離婚後、自治体の支援などを利用しながらキャリアアップする道も探しておきましょう。

親権を取りたいなら子どもから離れないこと！

子どもがいる場合に問題となるのが、**親権**と**養育費**です。未成年の子どもがいる夫婦は、**どちらが親権者になるのか**を決めなければ、離婚することができません。

親権者になりたいのであれば、**子どもと離れて暮らさない**のが鉄則。夫婦間で協議が調わない場合は家庭裁判所で親権を争うことになりますが、離婚後も子どもの生活環境が変わらないことが重視されるため、**同居している親が優先される**傾向にあるからです。

別居のために自分が家を出るときは子どもを一緒に連れて行き、相手が家を出るときは子どもを渡さないようにしましょう。いったん子どもと離れてしまうと、再び引き取るのは簡単なことではなく、親権争いでも不利になります。

子どものための安定した生活環境は必要不可欠

離婚後も**子どもが安定した生活**を送れるようにすることは、たいへん重要です。まずは、離婚の理由を子どもに丁寧に説明してあげられるようにしておきましょう。また、**経済面の安定は不可欠**です。養育費の話し合いに備えて夫婦それぞれの収入と子どもの生活費を把握し、相手にいくら負担してもらうのがよいかを確認します。

養育費に頼るのではなく、**自分の収入を増やす**ことも大切。就職やキャリアアップを検討しましょう。ひとり親家庭が受けられる手当や支援を調べることも忘れずに。

子どもを連れて引っ越す場合は、預け先や進学先について調べておきましょう。

子どものためにしておきたいこと

親権

親権を取る意思があるなら子どもと離れない。親権者にふさわしい条件を整えていく

- 別居で家を出るときは子どもを連れて行き、相手が家を出るときは子どもを渡さない
- 親権者になりたい動機、子どもへの愛情、養育方針、収入など、子どもと暮らすために重要と思われる要素を第三者に伝えられるようにしておく

養育費

夫婦の年収を調べ、養育費の目安を確認する

- 年収は、会社員なら源泉徴収票、自営業者なら確定申告書の控えなどで確認できる
- 養育費の目安は、養育費算定表（➡ P.87）で確認できるが、実際の支払額は、夫婦の話し合いで決めることになる

手当・支援

子どもやひとり親への手当・支援制度を調べる

- 各都道府県や市区町村で、住民向けに独自の支援を行っているところもあるので確認する
- 現在住んでいるまたは転居先の市区町村のホームページを見るか、市区町村役場に話を聞きにいく

預け先・進学先

幼い子どもがいる場合は、保育園などの預け先を確保する。引っ越す場合は、預け先・進学先を調べる

- 待機児童が多い地域では、すぐに入園できないことがある
- 保育施設には、公立保育所、認可保育園、認可外保育園があり、設備や保育料などが異なるので事前に調べておく

教えて！
離婚のキホン
5

Q 離婚後の生活設計はどうする？

A 毎月の収支の見込みを立てて、マイナスが出たら、収入を増やすか、支出を減らす策を検討しておきましょう。

離婚後の毎月の支出をシミュレーションしてみよう

離婚後の生活に困ることがないよう、収入・支出といったお金の流れを試算して、**生活設計を立てておく**必要があります。

はじめに、**毎月の支出を把握**します。食費や住居費、光熱費などの生活費、教育費、保険料などを書き出してみましょう。金額はおおまかでかまいません。

毎月の支出がわかったら、次は**収入を計算**します。会社員やパートの場合、主な収入は給与です。ただし、給与から厚生年金や健康保険料、住民税などが引かれることを忘れずに。また、子どもがいる場合は、養育費、児童手当、児童扶養手当も収入に含まれます。

収支がマイナスなら見直しを！

収入と支出を算出したら、**収入の合計額から支出の合計額を引きます**。結果がプラスならば、ひとまず安心。マイナスならば、収入を増やすか支出を減らす方法を検討しましょう。

収入を増やすには、仕事をするのがいちばんです。職に就いていない人は、早めに仕事探しを始めましょう。仕事をしていても収入が足りない場合は、転職か仕事を増やすことを検討します。就職・転職を有利にするために、資格取得やパソコンなどのスキルアップに取り組むことも重要です。

支出を減らすには、住居費や通信費のような毎月ほぼ一定のお金がかかる固定費から見直します。

このようなお金のシミュレーションをしたうえで、**生活の目途がついてから**、相手に別居や離婚を切り出しましょう。

赤字？黒字？　離婚後の家計を計算してみよう

あなたの場合

収入

手取給与	万円
養育費	万円
児童手当	万円
児童扶養手当	万円
合計	万円

支出

食費	万円
日用品	万円
レジャー費	万円
被服費	万円
住居費	万円
水道光熱費	万円
通信費	万円
交通費	万円
教育費	万円
医療費	万円
生命保険料	万円
その他	万円
合計	万円

収入 □ − 支出 □ ＝ □ 万円

例 パート・小学生の子1人の場合

収入

手取給与	10　万円
養育費	6　万円
児童手当	1　万円
児童扶養手当	3.5　万円
合計	20.5　万円

支出

食費	3.5　万円
日用品	0.5　万円
レジャー費	0.5　万円
被服費	0.5　万円
住居費	7　万円
水道光熱費	1.2　万円
通信費	1　万円
交通費	0.5　万円
教育費	1.5　万円
医療費	0.3　万円
生命保険料	0.3　万円
その他	1　万円
合計	17.8　万円

収入 20.5 − 支出 17.8 ＝ プラス 2.7万円

はじめに

本書は、離婚について迷いや不安を抱えておられる方の道標となることを願って準備されました。初版の発行から６年間、本書を手に取ってくださる方が絶えなかったことから、離婚を悩む方の多さを実感し、少しでも助けになりたいとの思いを強くしています。

また、この間にも、子どもの貧困、女性の権利などに社会の注意が向けられ、養育費や婚姻費用の回収手続の強化、女性の再婚禁止期間の撤廃、ＤＶ保護命令の対象の拡大など、重要な法改正が相次ぎました。

そのため、改訂版では、法改正や昨今の社会情勢に合わせた情報を取り入れるためにページ数を増やしました。「離婚」「子ども」「お金」というポイント別に、離婚を考え始めてから離婚後の生活を構築するまで、継続して読者をサポートする内容となっている点は変わりありません。今回の改訂版がよりいっそう皆様のお役に立てるようにと願っております。

２０２３年11月

弁護士　森元 みのり

もくじ

1章 離婚でもらえる「お金」を学ぶ

2章 とっても気になる「子ども」を学ぶ

3章 ついに離婚を決意！「離婚手続き」を学ぶ

4章 いざ新生活をスタート！「離婚後の手続き」を学ぶ

巻末資料 離婚相談窓口一覧

※本書の情報は、原則として2023年8月のものです。
QRコードで開くWebページは、URLが変更になる場合があります。

1章 離婚でもらえる「お金」を学ぶ

離婚を進めるときに、まず考えなければならないことのひとつが、「お金」の問題。財産分与や慰謝料、子どもの養育費など、離婚でもらえるお金についてしっかり学び、損せずスムーズに手続きを進められるようにしましょう。

おはようございまーす
離婚…
離婚するとなると たしかに パートの給料では 自立できないわ…
翔太と生活するには まったく足りないわね
コツコツ 貯めたとはいえ これじゃあ…
はあ…
不足
パート代
生活に必要な分
BANK
養育費って どのくらい もらえるのかしら？
でも家のローンが あるから…
ムリ!!
いやいや
離婚するんだから 家売っちゃえば お金できるじゃない！
←夫を思い出すと イラッとする
…そもそも 本当に離婚しても いいのかしら…
ずーん…
バンッ
うわっ

今度という
今度は許さない!!
慰謝料を
取ってやる
美咲ちゃん
こわい…
ガルルル…
荒れてるね…
あいつ
また浮気したっ
え!?
また?
そうっ
これで2回目!
夫
結婚前にもあったし…
やっぱり直らない!
ぎゃー
バカにしてるわよ
もうぜったい
許さないっっ
ギャー
とりあえず
仕事しよか
おつかれ
さまー
お米にビール…
忘れたらまた怒られる…
重い…
翔ちゃん
ただいまー

宿題やったの？
もう
ランドセルも
ほうりっぱなし！
食べたままに
しないでって
いつも言ってる
でしょ！
仕事ふやさないでっ
はーい…
こんな言い方は
したくないのに
ごはんまでに
片付けてよ！
わかった!?
はーい
夫に言いたいストレスを
翔太に対して出してしまう
翔太
もう寝なさい
パパと
ゲームの話
したいの
ただいま
あ！
パパ！
おかえり！
PAJAMA

パパ、
会社の人と
食べてきたから
遅くなっちゃった〜
翔太
起きてたのかー
それなら連絡を
くれればいいのに…
忙しくてね
電話する時間が
なかったんだ
ごめんね
翔太
…
早く
離婚したい…
もしもし
智子さん？
離婚といっても
お金のことが不安で…
コンコン
真紀ちゃん
本気で離婚を
考えているの？
本気ですよっ
おお…
智子
←ヨガ
インストラクター
まずは
ふたりで築き上げた
財産をリストアップ
してみることね
ふたりで築き上げた
財産ですか…

婚姻中にふたりで貯めた財産は夫婦の共有財産とみなされて離婚時に分け合うことになるのよ
結婚
離婚
独身期間
婚姻期間
夫婦の共有財産
◎預貯金 ◎不動産 ◎家財道具
◎自動車 ◎生命・損害保険
◎株式・債券 ◎(将来の)退職金
◎ローン ◎借金 など……
でも…私のほうが収入少ないし
家庭のための積立はほとんど夫の給与からだし家や車は夫の名義でローン組んでるんだけど…
夫が支払った分でも妻の協力があってこそのものだから夫婦の共有財産になるのよ
もちろん婚姻中に組んだローンもね
保険
ローン
それから翔太くんが自立するまでの養育費についても話し合っておいたほうがいいわよ
子どもの生活費
教育費
Book
月謝
小遣い・娯楽費
医療費
くすり

離婚に伴うお金の問題

◎婚姻費用

結婚生活を送るのに必要な生活費。衣食住にかかるお金、教育費、医療費などが含まれる。別居していても請求できる。

◎慰謝料

不貞や暴力などの相手の行為によって受けた精神的（肉体的）苦痛に対して支払われるお金。

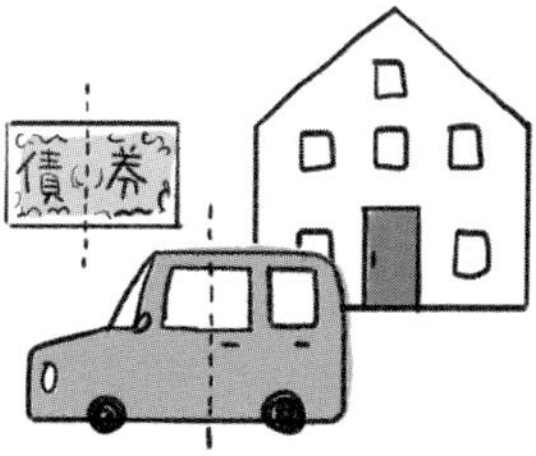

債券

◎財産分与

結婚後に夫婦が協力して築き上げた財産を離婚時に分け合うこと。離婚の原因に関係なく、夫婦どちらも請求できる。

厚生年金
共済年金

◎年金分割

将来受け取る予定の厚生年金を離婚時に夫婦で分割できる制度。厚生年金の受給額が多いほうに請求する。

◎養育費

子どもの衣食住や教育など、子どもが成長するうえで必要な費用。

BOOK

お金はすごく大事なことだから面倒と思わず受け取れるお金を逃さないように離婚前にしっかり話をしておくべきよ

お金
01

夫婦で分担が基本
離婚成立までの生活費

婚姻費用は夫婦で分担が基本

婚姻費用とは、**結婚生活を送るために必要な生活費**のことです。衣食住にかかるお金、教育費、医療費、養育費、娯楽費などが含まれます。

夫婦であれば、婚姻費用を分担する義務があります。夫婦仲が悪くなったり、離婚についての話し合いや裁判を行ったりしている間も同じです。夫婦が同じレベルの生活ができるよう、収入の高い側が多く支払うことになります。離婚が成立するまでは、収入の低い側は収入の高い側に婚姻費用を請求する権利があるのです（婚姻費用分担請求）。ただし、収入が高い側であっても、子どもを扶養している場合は、相手に請求できるケースもあります。

また、浮気など自分の行為が原因で別居することになった場合も、結婚している間は婚姻費用を請求することができます。ただし、あまりに身勝手な原因である場合は、減額されたり、請求が認められなかったりすることもあります。

婚姻費用額の調べ方

婚姻費用の金額に決まりはなく、夫婦の間で話し合って決めるのが原則です。金額を決めるうえで参考になるのが、家庭裁判所のホームページに掲載されている**養育費・婚姻費用算定表**です。婚姻費用算定表は、夫婦の年収と、子どもの人数や年齢に応じて、妥当な金額が設定されています。自分のケースに当てはまる表を見つけ、金額の目安を確認しましょう。

夫婦間で話し合いがまとまらない場合は、家庭裁判所に調停を申し立てることになります。

ポイント

- 離婚話が出ていても、**生活に必要な費用は夫婦で分担**する義務がある。
- **婚姻費用は、「婚姻費用算定表」を目安にして**、夫婦で話し合って金額を決めるとよい。

いくらになりそう？　婚姻費用の金額

例

夫
年収(給与) 600 万円
⬇
支払う側

妻
年収(給与) 90 万円
⬇
受け取る側

子
1 人(10 歳)

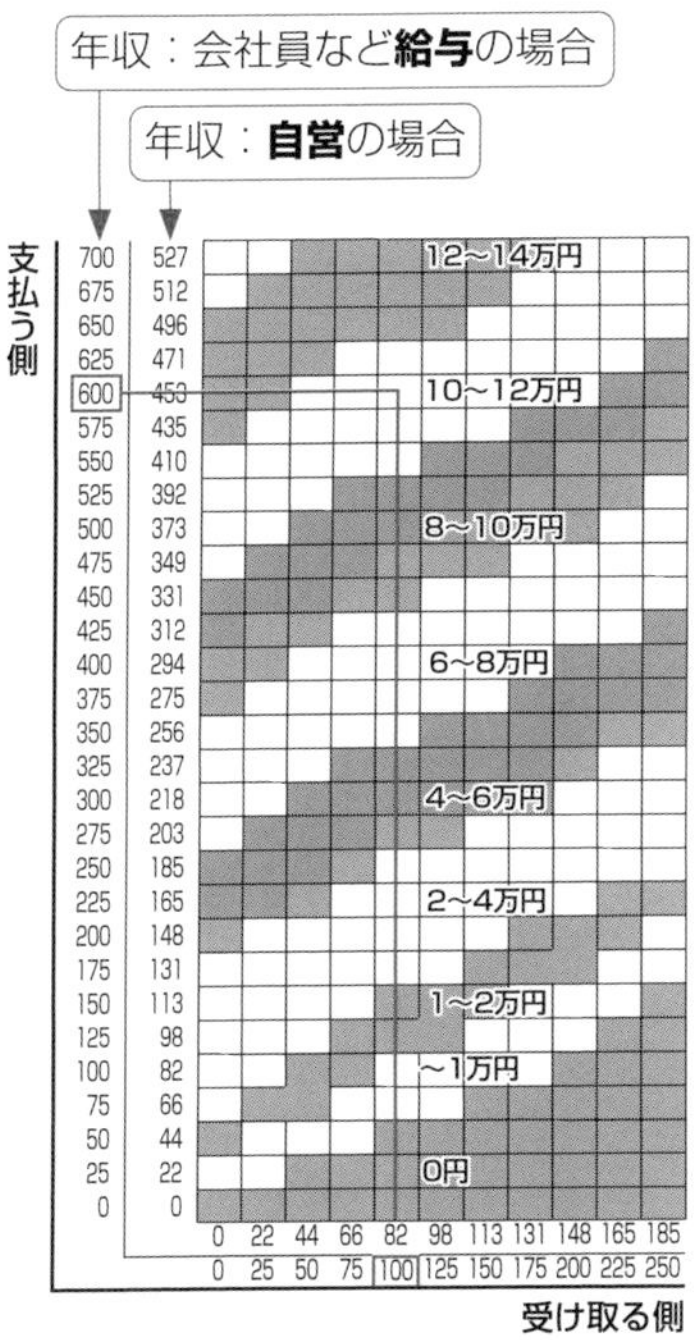

婚姻費用・子１人表（子０～14 歳）
令和元年 12 月 23 日改定

婚姻費用算定表の見方

❶ 子の人数・年齢によって表が分かれているので、該当する表を見つける。

例の場合
「養育費・婚姻費用算定表　婚姻費用・子1人表（子０～14 歳）」

❷ 縦軸で、婚姻費用を支払う側の年収を探す。

例の場合
年収(給与) 600 万円

❸ 横軸で、婚姻費用を受け取る側の年収を探す。

例の場合
表の 75 と 100 では 100 のほうに近い金額のため、100 万円欄を参照する。

❹ 縦軸の年収から右に伸ばした線と、横軸の年収から上に伸ばした線が交わる欄の金額が婚姻費用となる。

例の場合
婚姻費用 10 ～ 12 万円／月

モメない！コツ

婚姻費用算定表は、東京家庭裁判所のホームページで見ることができます。参考にしながら夫婦間で決めましょう。「東京家庭裁判所」http://www.courts.go.jp/tokyo-f/index.html ➡「裁判手続きを利用する方へ」➡「手続案内」➡「養育費・婚姻費用算定表」

お金 02

状況にかかわらず夫婦である限り請求できる
別居中の生活費

別居中の生活費はどうなる？

夫婦が婚姻費用を分担しなければならないのは、別居中でも変わりません。別居前に話し合っておくのがよいでしょう。別居後に相手が支払ってくれない場合は、すみやかに請求しましょう。

婚姻費用を自分で請求するときに多く利用されているのが、**内容証明郵便**です。「いつ、どのような内容の文書を、誰から誰に出したか」を日本郵便が証明する制度で、強制力はありませんが、文書にどのようなことが書かれていたかが証明される（証拠が残る）ため、「請求した」「請求されていない」というトラブルを防ぐことができます。

相手が支払わないときは調停

請求しても相手が支払ってくれない場合や金額が折り合わず話し合いがまとまらない場合は、家庭裁判所に**婚姻費用の分担請求調停を申し立てます**。調停では、両者に中立的な**調停委員会が立ち合い**、夫婦の資産、収入、支出の状況、子どもの有無と年齢などの事情を考慮しながら、合意を目指して話し合います。それでも話し合いがまとまらず調停が不成立になると、自動的に審判に移行します。審判では、調停で把握した事情を考慮し、婚姻費用算定表を参考にして、**裁判官が分担額を決定**します。決定内容に不服がある場合は、高等裁判所に申立てができます。

また、分担額が決定したあとで、収入の増減や子どもの進学などの理由によって経済事情に変更があった場合は、分担額の変更を求める調停を申し立てることができます。

ポイント

- **別居中であっても**、衣食住などの生活費、医療費、教育費など、**結婚生活に必要なお金は請求できる。**
- 調停を申し立てる場合は、**申立書、夫婦の戸籍謄本、自分の収入がわかる書類、収入印紙・切手代を用意する。**

用語解説　審判　家庭裁判所が行う裁判。提出書類や家庭裁判所調査官の調査結果などの資料に基づいて、裁判官が判断を下す。

どのように請求するの？　別居中の生活費

ステップ1. 自分で直接、相手に請求する

別居したら、すぐに請求すること!

❶ まずは電話、メール、手紙などで請求する。

❷ それでも支払わないときは、内容証明郵便を送って請求する。

請求しても支払われない場合

ステップ2. 婚姻費用の分担請求調停を申し立てる

申立先	相手の住所地の家庭裁判所、または当事者が合意した家庭裁判所
費用	●収入印紙 1,200 円分 ●連絡用の郵便切手（申立先の家庭裁判所により金額が異なる）
必要書類	●申立書（裁判所のホームページからダウンロード可）とその写し1通 ●夫婦の戸籍謄本 ●申立人の収入がわかる資料（源泉徴収票、給与明細、確定申告書の写しなど）
申立書記入のポイント	●相手方に支払ってほしい金額を書く。金額がはっきりしないときは相当額でもよい ●同居と別居を繰り返しているときは、最後の別居の日を書く ●夫婦がはじめて同居した日を書く

書類のなかに相手に知られたくない情報がある場合は、該当箇所を黒塗りするか、「非開示の希望に関する申出書」を提出する

申立書の写しは、申立ての内容を知らせるため、相手方に送付される

押さえておこう!

調停や審判では、婚姻費用の支払い義務が生じるのは“請求した時点から”とされています。それ以前にさかのぼった分は財産分与のなかで請求することもできますが、全額が認められるとは限りません。

結婚後に夫婦で築いた財産がカギ
財産分与のルール

専業主婦(夫)も請求できる

財産分与とは、結婚後に夫婦で築いた財産を離婚時に分け合うことをいいます。収入のない専業主婦(夫)や、離婚の原因をつくった有責配偶者であっても、請求できます。

財産分与の対象となるのは、結婚後に夫婦が協力して得た**夫婦共有財産**です。主なものに、現金、預貯金、不動産、自動車、生命保険金、株式・債券があります。結婚後に貯めたへそくりや、すでに支払われた、あるいは将来支払われることがわかっている年金、退職金も含まれます。ローン、借金などのマイナスの財産も共有財産とされています。

一方、結婚前から所有している財産や相続で取得した財産などは個人の財産とされ、財産分与の対象ではありません。このような財産を**特有財産**といいます。

財産分与は原則2分の1ずつ

財産分与の割合に決まりはありませんが、**2分の1ずつ分け合うのが原則**です。収入のない専業主婦(夫)も、家事や育児によって家庭を支えることで財産を築くことに貢献したとみなされ、2分の1をもらう権利があります。ただし、相手の収入や財産が極端に多い場合や、貢献度が低い場合は、2分の1とならないケースもあります。例えば、プロスポーツ選手や会社経営者のように自身の能力によって高額の財産を築いた場合は、収入や財産の多い配偶者に多く分配されます。

また、夫婦の一方が離婚によって経済的な不安が出る場合にもう一方が生活費を援助するために財産を分けたり(**扶養的要素**)、慰謝料を含めて財産分与を行ったり(**慰謝料的要素**)するなどの例外もあります。

ポイント

- **夫婦共有財産と特有財産を明確にしておく。**
- **相手名義であっても結婚後に購入したものがあれば共有財産。**

用語解説 有責配偶者　不貞などにより離婚の原因をつくった配偶者のこと。

財産分与の対象になるもの・ならないもの

財産分与の 対象になる 「夫婦共有財産」	**結婚後に夫婦で築き上げた以下の財産** ［プラスの財産］ ●現金　●預貯金　※現金・預貯金はへそくりも含む ●不動産　●自動車 ●生命保険　●学資保険 ●退職金　●年金 ●家財道具　●美術品 ●会員権（ゴルフなど）　●貴金属・装飾品 ●有価証券（株式、債券、投資信託など）　など ［マイナスの財産］ ●住宅ローン　●学資ローン ●借金　など
財産分与の 対象にならない 「特有財産」	［プラスの財産］ ●結婚前からの財産 ●相続した財産 ●携帯電話・スマートフォンや服飾品などの個人で使用するもの ●婚約指輪・結婚指輪　など ［マイナスの財産］ ●ギャンブルなどで個人が勝手につくった借金　など

損しない！コツ

財産分与を有利に進めるためには、まずは相手名義の財産を明らかにしておくこと。また、自分名義の財産のうち、結婚前からの財産、相続や贈与により取得した財産を明確にしておくことです。

お金 04

リスト化してひとつずつ確認 夫婦の共有財産

夫婦の共有財産をリストアップ

財産分与は、次の手順で行います。

❶すべての共有財産をリストアップする。
❷各財産を算出し、総額を計算する。
❸プラスの財産の合計額からマイナスの財産の合計額を引き、財産分与の対象となる金額を算出する。
❹分与の割合を決める（原則2分の1）。
❺分与方法を決める。

重要なのは、はじめに**共有財産をリストアップしておく**ことです。必要項目を書き出すことで、どのような財産があるかが明確になり、そこに金額を入れていくことで財産を正確に把握することができます。

評価額の確認方法

共有財産のうち、株式や投資信託などの有価証券、不動産、自動車は、評価額を調べます。

有価証券は、現時点の評価額を確認しておきます。評価額は口座のある金融機関に問い合わせるか、上場株式や投資信託であれば、インターネットで調べることもできます。不動産は、P. 44～45を参考に確認しましょう。自動車は、中古車業者に査定を依頼するか、インターネットの査定サイトで調べます。

合意した内容は公正証書に

話し合いで合意したら、**取り決めた内容を公正証書に**まとめましょう。合意できなかったときは、家庭裁判所に調停を申し立てます。調停が不成立のときは、裁判で決定します。原則は2分の1ずつですが、調停や裁判では、財産形成への貢献度を考慮して分けます。

ポイント

- 共有財産を算出するときは、プラスの財産だけでなく、**マイナスの財産も確認するのを忘れずに**。
- 公正証書作成時の不明点は、**法テラスに相談することもできる**。

共有財産を項目ごとに調べてみよう！

山田ファミリーの場合

武史の預貯金合計は、相続分（特有財産）を差し引いた額

武史の財産

1．不動産

名義	所在	所在	金額
山田武史	自宅	埼玉県さいたま市大宮区天沼町○-○-○	¥29,800,000
山田武史	ローン		¥-25,000,000

2．預貯金

名義	銀行	支店	種類	口座番号	金額
山田武史	四菱銀行	大宮駅前	普通	○○○○○○	¥1,686,571
山田武史	すみれ銀行	有楽町	定期	○○○○○○	¥2,000,000

3．有価証券

名義	証券会社	支店	種類	口数等	金額
山田武史	コスモス証券	丸の内	○○株式	○○	¥440,000
山田武史	AKT 證券	東京駅	○○投信	○○	¥247,500

4．保険

名義	保険会社	種類	被保険者	番号	金額
山田武史	サニー生命保険	終身	山田武史	○○○○○○	¥1,250,000

5．退職金 ¥3,500,000

武史の財産合計 ¥13,924,071 ❶

真紀の財産

支払いは真紀のパート代から支払っていた

1．預貯金

名義	銀行	支店	種類	口座番号	金額
山田真紀	みのり銀行	大宮中央	普通	○○○○○○	¥834,275
山田翔太	四菱銀行	大宮駅前	普通	○○○○○○	¥1,200,000

2．保険

名義	保険会社	種類	被保険者	番号	金額
山田真紀	第五生命保険	終身	山田真紀	○○○○○○	¥892,500
山田真紀	ホビー保険	学資	山田翔太	○○○○○○	¥1,100,000

3．自動車

名義	車名	登録番号	金額
山田真紀	トリオ	大宮 500　せ 28-○○	¥900,000

子ども名義の預貯金は、通帳や印鑑を管理している側、または離婚後に親権者となる見込みの側の財産に入れる

真紀の財産合計 ¥4,926,775 ❷

夫婦共有財産の合計 ¥18,850,846 ❸

武史から真紀に支払う額　❸÷2－❷ または（❶－❷）÷2　¥4,498,648

押さえておこう！

ギャンブル、趣味、浪費などで夫婦の一方が勝手につくった借金は特有財産とみなされるので、財産分与の対象ではありません。ただし、連帯保証人になっている場合は、離婚後も返済義務がなくなるわけではないので注意が必要です。

財産分与の仕組みと手続き①

不動産の財産分与

まずは評価額を出す

結婚後に夫婦が取得した不動産は、財産分与の対象となります。不動産は、金額がはっきりしておらず、現金や預貯金のように簡単に分けることができません。そこで、評価額を算出してから、分けることになります。評価額は時期によって変動します。一般的には、**財産分与をする時点での評価額**を採用します。

評価額は、国土交通省のホームページにある公示価格や国税庁の路線価などを参考にして調べることもできますが、トラブルを避けるため、不動産業者などの専門家に査定を依頼したほうがよいでしょう。あまりにも評価額に争いがある場合は不動産鑑定士に鑑定を依頼することもできますが、費用がかかります。

評価額がわかったら、どのように分けるかを話し合って決めましょう。売却して現金を分ける方法、一方が所有し、相手に現金を渡す方法、財産分与の割合に応じて共有する方法などがあります。

住宅ローン付不動産の場合

住宅ローン付不動産は、評価額からローン残高を引いた差額が財産分与の対象となります。評価額がローン残高を上回る場合、差額を分け合います。例えば、不動産の評価額が３０００万円、ローン残高が１２００万円の場合、差額の１８００万円を分けることになります。評価額がローン残高を下回る場合、夫婦の一方が所有し、ローンの名義人が支払いを続けるなどの方法があります。

なお、不動産を分与するときは、渡す側も受け取る側も税金がかかる場合があります（➡P.54）。

ポイント

- 不動産分与は、**売却して現金を分けるか**、**一方が所有して相手に現金を渡す**のが主流。
- 不動産は高額なため、**専門家に評価額を出してもらう**のが妥当。

不動産はこう分ける！

不動産を分与する方法

売却して
現金を分ける

一方が所有し、
相手に
財産分与の
相当額を支払う

一方が所有権を持ち、
もう一方が
使用権をもらって
住み続ける

財産分与の
割合に応じて
共有する

住宅ローン付不動産の場合

不動産の評価額［　　　円］－ ローン残高［　　　円］＝ 財産分与の対象額［　　　円］

プラスの場合

上の4つのなかから自分たちが決めた方法で分ける

マイナスの場合

- 一方が所有して、ローンを支払い続ける
- 売却して、ローンの一部を返済する

損しない!コツ

不動産の評価額は、築年数や時期によって変動します。また、不動産会社によって査定価格が大きく変わることもあるため、財産分与をする時点で、複数社から査定をとって比較してみるとよいでしょう。

財産分与の仕組みと手続き②
離婚時の年金分割

分割できるのは厚生年金だけ

離婚時に、年金を夫婦で分割できる制度を**年金分割**といい、専業主婦（夫）や年収の少ないほうが、将来相手が受け取る年金の一部をもらえるようになります。

対象となるのは、サラリーマンや公務員が加入する**厚生年金のみ**です。厚生年金は、給料が多いほど、多くの保険料を納めることになるので、将来の受給額が多くなります。相手が専業主婦（夫）であったり、夫婦の年収に開きがあったりする場合は受給額に差が出るため、受給額を公正にするために、年金分割を行います。なお、再婚した場合や離婚後に元配偶者が死亡した場合も、分割した年金は受け取ることができます。

一方、自営業者や経営者が加入する国民年金は対象とはなりません。国民年金の場合は、同額の老齢基礎年金が給付されるため、受給額に差がないからです。

専業主婦のための3号分割

年金分割には、**合意分割**と**3号分割**があります。合意分割は、夫婦の合意によって年金分割の割合を決めます。割合の上限は2分の1です。

3号分割は、夫婦のどちらかが専業主婦（夫）などの第3号被保険者の場合、合意がなくても2分の1ずつ分割します。3号分割が適用されるのは制度が施行された2008年4月1日以降に納めた分のみで、それ以前の分は合意分割で分けます。

年金分割を行うには、手続きが必要です。手続きは、離婚成立後に行います。離婚してから2年を過ぎると請求できなくなるので、注意しましょう。

ポイント

●年金分割を受ける側が専業主婦（夫）などの**第3号被保険者の場合は3号分割、それ以外の場合は合意分割**が適用される。

用語解説　**第3号被保険者**　第2号被保険者（厚生年金保険の加入者）に扶養されている20歳以上60歳未満の配偶者。第3号被保険者は、本人が保険料を払う必要がない。

将来のためにやっておこう！　年金分割の比較

合意分割と3号分割

	合意分割	3号分割
制度の開始時期	2007年4月1日	2008年4月1日
対象期間	婚姻期間中に一方が厚生年金に加入していた期間（2007年4月1日以前も含む）	2008年4月1日以降の婚姻期間のうち第3号被保険者であった期間
分割の対象	婚姻期間中の当事者の厚生年金の標準報酬	2008年4月1日以降の婚姻期間のうち第3号被保険者であった期間の相手の標準報酬
分割の方法	標準報酬が多いほうから少ないほうへ分割	厚生年金の被保険者から第3号被保険者に標準報酬を分割
分割の割合	2分の1まで	2分の1
合意	必要	不要
手続き	基本的には、夫婦で年金事務所に行き、手続きをする	第3号被保険者だった人が年金事務所で手続きをする
請求期限	原則、離婚日の翌日から2年以内	

年金分割の流れ

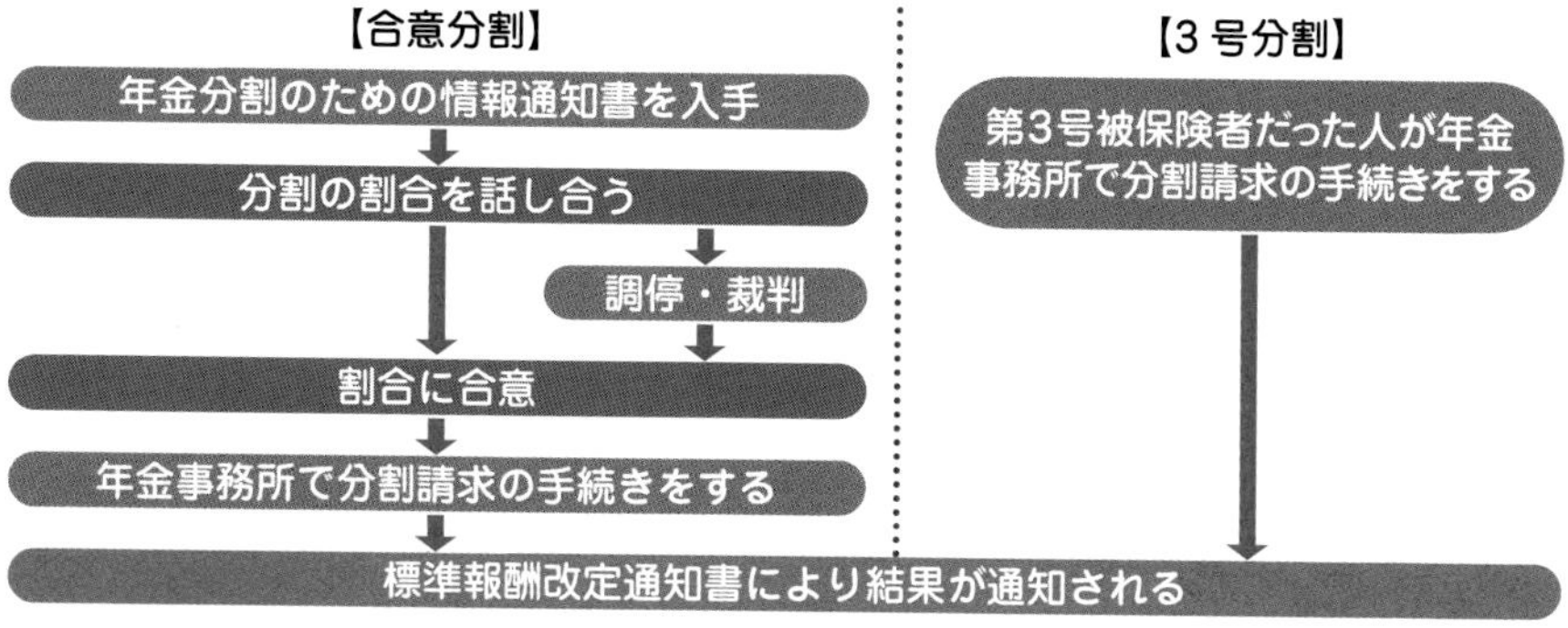

押さえておこう！

- 自営業のように夫婦が厚生年金に加入していない場合は対象外です。
- 夫が厚生年金に加入したことがなく、妻が厚生年金に加入している場合は、妻の年金を分割します。

財産分与の前に財産が消えないように！ 勝手な財産処分を防ぐ方法

勝手な財産処分を防ぐ3つの方法

財産分与や慰謝料を決める前に相手が財産を隠したり処分したりしてしまったら、支払われるべきお金が支払われないということになりかねません。このような事態を防ぐために、相手が勝手に財産を動かさないよう裁判所に申し立てることを**保全処分**といい、次の3つの方法があります。

❶**調停前の仮処分**…調停期間中に、調停委員会が財産処分を禁じることができる。従わない場合は10万円以下の過料に処せられるのみで法的強制力がないため実行性に乏しく、利用件数は少ない。

❷**審判前の保全処分**…家庭裁判所に財産分与などを請求する審判を申し立てる際、「審判前の保全処分」も申し立てることができる。申立てが認められると、家庭裁判所が仮差押え、仮処分を命じる。仮差押えの場合に担保として保証金が必要になる。

❸**民事保全**…法的な離婚や慰謝料原因理由があり、相手が財産を隠している証拠があれば、いつでも家庭裁判所または地方裁判所に申し立てることができる。認められると、仮差押え、仮処分を命じる。手続きには保証金が必要で、高額になることがある。

相手の財産を把握しておく

保全処分を行う財産は、申し立てる側が指定するため、給与、預貯金、不動産など、相手の財産をしっかり把握しておきましょう。ただし、相手が生活できなくなるなどの理由で認められないこともあります。

ポイント

- 財産分与前に**財産の名義変更をされる心配があるときも、保全処分**を行う。
- 保全処分を行う際は、**法的強制力がある「審判前の保全処分」か「民事保全」**を申し立てるとよい。

用語解説

- **仮差押え**　裁判の判決が出るまで財産を仮に差し押さえることで、取り立てることはできない。
- **仮処分**　裁判の判決が出るまで財産の処分を禁じること。

財産を勝手に処分させない方法と手続きの流れ

保全処分の3つの方法

	❶調停前の仮処分	❷審判前の保全処分	❸民事保全
強制力	ない	ある	ある
申立ての時期	調停が始まるとき	審判を申し立てるとき 調停中	いつでも
保証金	不要	必要	必要

民事保全手続きの流れ

1. 申立て

家庭裁判所か地方裁判所に、申立書、申立手数料（原則 2,000 円）、財産の証拠、郵便切手などを提出する

▼

2. 面接

本人確認資料（運転免許証など）、申立書作成時に使用した印鑑、証拠の原本を持参する

▼

3. 立担保証明

法務局に保証金を預け、供託書とその写し、必要書類を裁判所に提出する

▼

4. 保全決定

裁判所の窓口で保全決定正本を交付されるので、受領書を持参する

保全処分は、調停中でも申し立てることができます。調停や裁判ほど時間がかかることはありませんが、相手が勝手に財産を処分するおそれがあるときは、早めに申し立てましょう。

お金
08

相手に離婚原因がある場合に請求できる 慰謝料について

不法行為の有無がポイント

慰謝料とは、**相手の行為により受けた精神的（肉体的）苦痛に対して支払われるお金**のことです。

離婚のときに必ず支払われると思っている人がいますが、それは誤りです。不倫や暴力などの不法行為のように、**どちらかに非があることが明らかな場合は請求できます**が、性格の不一致のように、どちらにも離婚の原因があると考えられる場合は請求できません。

また、夫が妻に支払うものと決まっているわけではなく、**離婚の原因をつくった側が支払います。**

慰謝料は離婚後に請求することも可能ですが、以下のように期限が設けられています。

❶離婚原因となった不法行為そのものに対する慰謝料⇒その行為を知ったときから3年

❷その行為が原因で離婚になったことに対する慰謝料⇒離婚から3年

金額はケースバイケース

慰謝料の金額に決まりはないので、夫婦で話し合って決めます。多く見られるのは、１００万円～３００万円くらいです。

話し合いがまとまらないときは、調停や裁判で決定します。裁判では、相手の不法行為を示す証拠がなければ不利になります。金額は、不法行為の内容と度合、精神的苦痛の程度、支払う側の経済力と社会的地位、子どもの有無、婚姻期間などを考慮して、裁判官が決定します。

なお、「慰謝料はいらない」ことを文書にしてしまうと、あとから請求するのが難しくなるため、一時の感情で決めてしまわず慎重に行動しましょう。

ポイント

- 慰謝料は、**離婚原因をつくった側が支払う。**
- 慰謝料の請求には時効があり、**損害と加害者を知ったときから3年以内**に請求する必要がある。

慰謝料はどんな場合にいくらもらえる？

慰謝料を請求できる・できない離婚原因

請求できる	請求できない
●不倫 ●精神的・身体的暴力 ●悪意の遺棄（家に帰ってこない、生活費を渡さないなど）	●性格の不一致 ●双方に原因がある ●すでに夫婦関係が破たんしている

慰謝料の目安

事由	金額の目安
不倫	100万円～500万円
精神的・身体的暴力	50万円～500万円
悪意の遺棄	50万円～300万円

美咲の場合の可能性

慰謝料増減の要因

上がる
- 支払う側の責任が大きい
- 精神的・身体的苦痛の程度が大きい
- 婚姻期間が長い
- 未成年の子どもがいる
- 支払う側に経済力がある

下がる
- 請求する側にも責任がある
- 支払う側に経済力がない
- 夫婦関係が破たんしている

協議離婚の場合は、慰謝料の金額だけでなく、支払方法と支払期限も決めましょう。確実に受け取るには、一括払いが望ましいです。分割払いの場合は、公正証書を作成しておくと、より確実になります。

お金 09

離婚原因をつくった不倫相手にも請求可！第三者への慰謝料請求

不倫相手にも請求できる

離婚の原因をつくったのが第三者であれば、その**第三者に慰謝料を請求することができます**。代表的なのは、配偶者の不倫相手に請求するケースです。ただし、既婚者であることを不倫相手が知っていた場合に限ります。配偶者が独身と偽っていた場合や、夫婦の互いが婚姻関係を継続する意思を持っていないなど夫婦関係が破たんしてから不倫関係になった場合は、請求できません。

配偶者の親族との不和が離婚の原因の場合にも、その親族に慰謝料を請求できることがあります。ただし、「性格が合わない」「争いが絶えない」といった理由は認められず、暴力や過度なモラル・ハラスメントなど社会通念上、到底許容しがたい程度の言動でなければ請求するのは難しいといえます。また、相手の言動を明らかにする証拠も必要です。

第三者への慰謝料請求方法

第三者に慰謝料を請求するには、まず、電話やメールなどで相手に直接連絡をとり、当事者同士または弁護士などの代理人を通して話し合います。相手に請求する内容と日時の記録を残しておきたい場合は、事前に内容証明郵便を送っておきます。話し合いにあたって、事前に慰謝料の金額や支払い期限などを記載した示談書を作成しておくとよいでしょう。話し合いがまとまらない場合、調停を申し立てることもありますが、調停を経ず裁判を起こすのが一般的です。第三者への請求期限も、損害と加害者を知った日から3年以内です。

なお、**離婚に至らなくても、第三者に慰謝料を請求することができます**が、請求金額が大きくなる見込みは薄いでしょう。

ポイント

● 配偶者の不倫相手にも慰謝料を請求でき、**50～200万円が相場**。

不倫相手にも払ってほしい！ 第三者への請求手順

内容証明郵便を送る

↓

示談交渉
（当事者同士または代理人を通して話し合う）

- 合意 → 慰謝料の請求が認められる
- 不合意 → 簡易裁判所に調停を申し立てる
- 不合意 → 裁判を起こす

簡易裁判所に調停を申し立てる

- 成立 → 慰謝料の請求が認められる
- 不成立 → 裁判を起こす

裁判を起こす
請求額が 140 万円を超える……地方裁判所
140 万円以下…………簡易裁判所

- 勝訴 → 慰謝料の請求が認められる
- 敗訴 → 請求が認められない
- 敗訴 → 控訴する

控訴する

- 勝訴 → 慰謝料の請求が認められる
- 敗訴 → 請求が認められない

慰謝料の請求が認められる

請求が認められない

損しない！コツ

慰謝料を請求するには、証拠が重要。不倫の場合は、ホテルへの出入り写真・動画のような肉体関係があったことを推測できる証拠があるとベストです。肉体関係を推認させるメールのやり取りや会話の録音なども証拠となることがあります（➡ P.125）。

お金 10

期限や税金にも注意！
財産分与・慰謝料の請求

原則は一括払い

財産分与や慰謝料の金額に合意したら、支払い方法を話し合います。多くの場合は金銭で支払いますが、不動産を譲るなど現物で支払うこともあります。

金銭で支払う場合は、一括払いと分割払いがあります。**財産分与や慰謝料は一括払いが原則**ですが、夫婦が合意すれば分割払いにもできます。分割払いにするときは、1回の支払い金額、支払い回数、支払い期日を決め、話し合いの内容は公正証書にしておくのが望ましいです。

請求期限に注意

財産分与と慰謝料は離婚が成立してから請求することもできますが、請求期限に注意。**財産分与は離婚成立時から2年、慰謝料は3年**を過ぎると請求できなくなります。

税金がかかる場合もある

財産分与も慰謝料も、金銭で支払うのであれば、原則として税金はかかりません。ただし、支払い金額があまりにも多い場合や、贈与税や相続税を免れるための偽装離婚とわかった場合は、受け取る側に贈与税がかかります。

有価証券や不動産など評価額が変動する財産は、**購入時よりも離婚時の評価が高い場合、財産を渡す側に譲渡所得税がかかります。**居住用不動産の場合は、離婚成立後に渡すと特別控除を受けられます。

不動産は、受け取る側にも税金がかかる場合があります。名義変更時に登録免許税がかかるほか、固定資産税を毎年納める必要があります。

ポイント

- 財産分与も慰謝料も、**一括払いが原則。**
- 一括払いができない場合は、**はじめに少しでも多く受領し、**回収漏れのリスクを回避する。
- **金銭で支払う場合は税金がかからない**のが一般的。

支払い方法・請求期限・税金のまとめ

支払い方法

	メリット	デメリット
一括払い	●まとまった現金を一度に受け取ることができる ●支払いが滞るリスクを避けられる	●相手にお金がないとできない
分割払い	●お金に余裕がなくても支払うことができる	●支払いが滞るリスクがある
現物払い	●現金がなくても支払うことができる ●家であれば住み続けることができる	●査定額について揉めやすい ●税金がかかる場合がある

離婚にまつわるお金の請求時期と請求期限

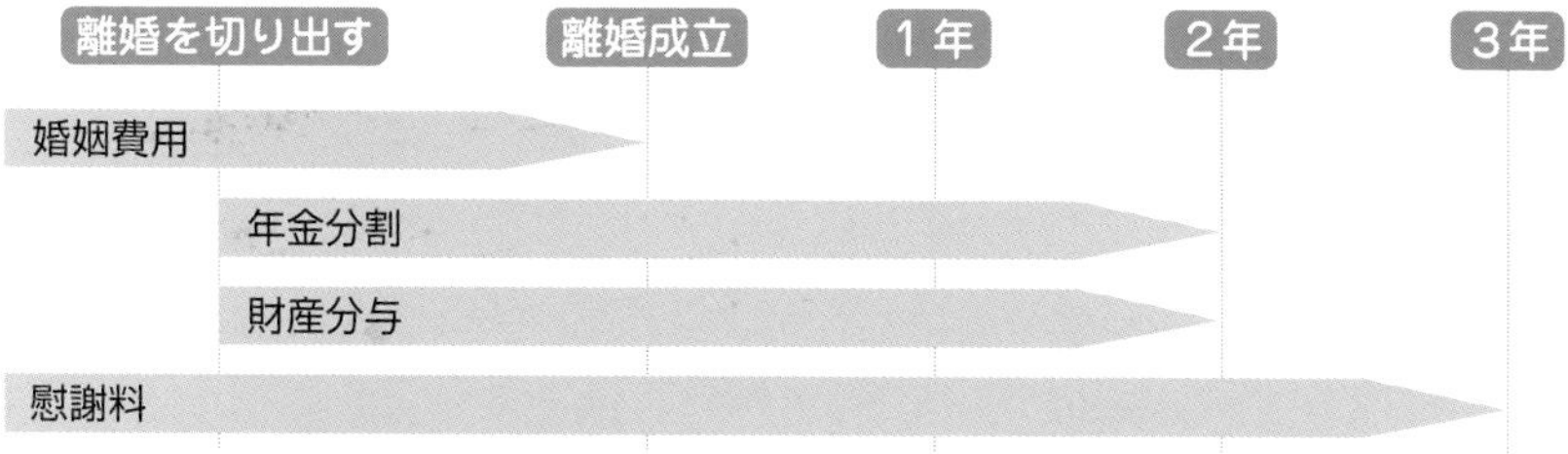

財産分与・慰謝料にかかる税金

	渡す側	受け取る側
現金・預貯金	非課税	原則、非課税
株式などの有価証券	譲渡所得税（購入時より高くなった場合）	非課税
不動産	譲渡所得税 居住用不動産の場合、離婚成立後の譲渡で特別控除が受けられる	登録免許税 固定資産税（毎年）

※金額が大きい場合や税金逃れの場合は、贈与税がかかることもある。

分割払いにすると、相手が失業したり逃げたりして支払われなくなるリスクが高くなります。相手の支払い能力にもよりますが、できるだけ一括払いにしてもらうようにしましょう。

相手が支払わない場合
支払い遅延の対策

相手に支払わせる方法

離婚時に取り決めたお金を相手が支払ってくれないときは、支払いを催促します。方法はいくつかありますが、はじめは法的強制力の弱い方法で行い、支払ってもらえなければ強制力の強い方法をとります。

まずは、相手に連絡をして事情を聞き、支払いを求めることから始めましょう。支払われない場合は、内容証明郵便を送って請求します。それでも支払いがないときは、裁判所で手続きをして法的手段をとります。法的手段には、履行勧告、履行命令、支払督促、強制執行があります。このうち**最も強硬な手段が強制執行**です。強制執行は、相手の財産を差し押さえて支払わせるため、相手に財産があるのであれば、きわめて有効です。

合意した内容を書面に残す

強制執行を申し立てるには、強制執行ができるということを証明する文書（債務名義）が必要です。調停離婚や裁判離婚の場合は、調停調書、審判書、判決書などです。協議離婚の場合は公正証書ですが、強制執行の効力を持たせるためには、公正証書に**強制執行認諾約款**を付けなければなりません。

強制執行認諾約款とは、「ここに書かれている約束を破ったら、強制執行を受けても異議はありません」という内容の文書です。この一文があることにより、支払いが止まったときに強制執行を申し立てることができます。

ポイント

- 支払いの催促は、**法的強制力の弱い方法から始め**、支払わなければ強制力の強い方法へと移行する。
- 強制執行には債務名義が必要なので、**協議離婚の場合は、離婚時に強制執行認諾約款付き**の公正証書を作成する。

用語解説　**債務名義**　強制執行を許可する文言、強制執行ができる範囲、債権者（支払ってもらう人）と債務者（支払う人）の氏名が書かれた公的な文書。

相手が支払わないときの対処法

強制力		内容	法的強制力	費用	窓口	注意点
弱	内容証明郵便	日本郵便が内容を証明した文書を郵送する	なし	一般書留の料金+430円。2枚目以降、1枚ごとに260円	郵便局	相手が受け取らないことがある
	履行勧告	家庭裁判所が取り決めを守るよう、相手を説得・勧告する	なし	無料	家庭裁判所	支払いを強制できない
	履行命令	家庭裁判所が期限を設定して支払うよう命じる	支払わないと10万円以下の過料が課せられる	印紙代500円	家庭裁判所	支払いを強制できない
	支払督促	簡易裁判所が相手に期限を指定して支払いを促す	相手からの異議申立てがなければ、判決と同様の強制力がある	裁判（民事訴訟）の手数料の半額	簡易裁判所	相手が異議を申し立てると裁判になる
	間接強制執行	一定期間内に支払わなければ、新たに間接強制金を課すと警告する	自発的に支払わない場合は直接強制執行になる	手数料（2,000円）＋切手代	家庭裁判所	財産を差し押さえるわけではない
強	直接強制執行	相手の財産を差し押さえ、そのなかから支払いをさせる	あり	手数料（原則4,000円）＋切手代（3,000円程度）	地方裁判所	相手に支払い能力がないと行えない

損しない！コツ

強制執行で給与を差し押さえる場合、相手の手取りの給与が44万円以下なら4分の1まで、44万円超なら33万円を超える分を差し押さえることができます（養育費以外）。一度で回収できないときは、回収するまで強制執行を繰り返します。

お金 12

離婚後も生活費の援助を受けられる

離婚後扶養

離婚後扶養とは

夫婦には互いに協力して扶養する義務がありますが、離婚すればこの義務はなくなります。しかし、専業主婦（夫）やパートだった人などが、離婚してすぐに経済的に自立するのは簡単ではありません。そこで、離婚後も一定期間、収入の多いほうから少ないほうへ生活費の援助をすることがあります。これを、離婚後扶養、または扶養的財産分与といいます。

離婚後扶養は、アメリカ、フランス、ドイツなどでは法律で規定されている制度です。いっぽう、日本では法律で規定されていないので、離婚前の話し合いや裁判により取り決めをします。

離婚後扶養が認められるのは、高齢や病気で働けない、幼い子どもがいる、現在の収入では生活ができない、財産分与が極端に少ないなどの場合です。ただし、実家が裕福だったり、生活できるくらいの財産分与や慰謝料をもらっていると、認められません。

金額や期間は決まっていない

離婚後扶養の金額や期間に決まりはありません。お互いの年齢、収入、子どもの有無などによって変わってきます。裁判では、金額は婚姻期間中の婚姻費用を目安とし、期間は1～3年、長くても5年となることが多いようです。離婚後扶養はあくまで補充的なものなので、支払う側にとって経済的に無理のない範囲で決められます。

支払いは、財産分与の取り分を増やしたり、慰謝料を上乗せしたりすることが多くなっています。月額を決めて支払われることもあります。

ポイント

- 離婚によって**経済的な不安がある**場合は、離婚後扶養を受けられることがある。
- **法的な義務はない**。金額と期間は、話し合いや裁判で決める。

離婚後扶養を知ろう

離婚後すぐに経済的に自立するのが難しいのであれば、離婚後扶養を受けられる可能性があります。

離婚後扶養とは

目的	離婚後に経済的な不安がある元配偶者への生活費の援助
法的な義務	なし
金額	決まっていない。お互いの年収、年齢、子どもの有無や人数により異なる
期間	決まっていない。1～3年、長くて5年が一般的。高齢や病気の場合は、一生ということもある

離婚後扶養が受けられる人・受けられない人

受けられる人	受けられない人
●高齢 ●病気 ●幼い子どもがいる ●現在の収入が少なくて、生活できない ●財産分与が極端に少ない	●実家が裕福 ●生活できるくらいの財産分与や慰謝料を受け取っている ●相手に経済的余裕がない

押さえておこう！

離婚後扶養は、収入の少ない側が経済的に自立するまでの一時的な援助にすぎません。高齢や病気などの事情がなければ、できるだけ早く経済的に自立することが大切です。

第１位は断トツ！

データで見る離婚の理由ランキング

実際にはどのような理由で離婚する夫婦が多いのかを、調停や審判の申立て動機からさぐってみましょう。

夫も妻も第１位は「性格が合わない」。他の理由よりも圧倒的に多く、40年以上にわたって不動のトップです。

第２位以下を夫婦別にみると、妻は、「暴力を振るう」「生活費を渡さない」「精神的に虐待する」となっています。いずれもDVの一種であり、配偶者からのさまざまな暴力に苦しむ女性が多いことがわかります。一方、夫は、「精神的に虐待する」「暴力を振るう」「異性関係」「性的不調和」の順。妻と比べると、人間関係に関する理由が多いのが特徴です。

夫婦に共通して上位なのが「精神的に虐待する」。近年「モラハラ」という言葉が広く知られるようになり、その順位が上がっています。

調停・裁判の申立て動機

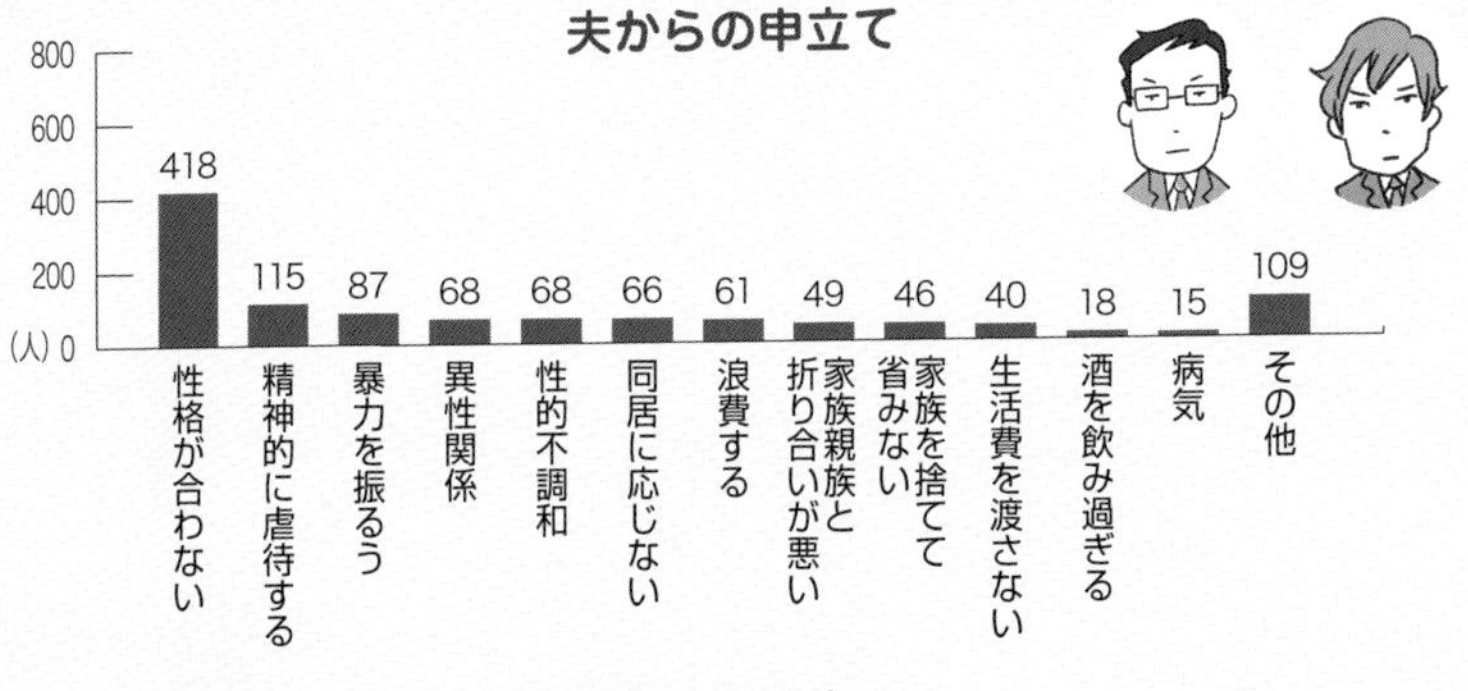

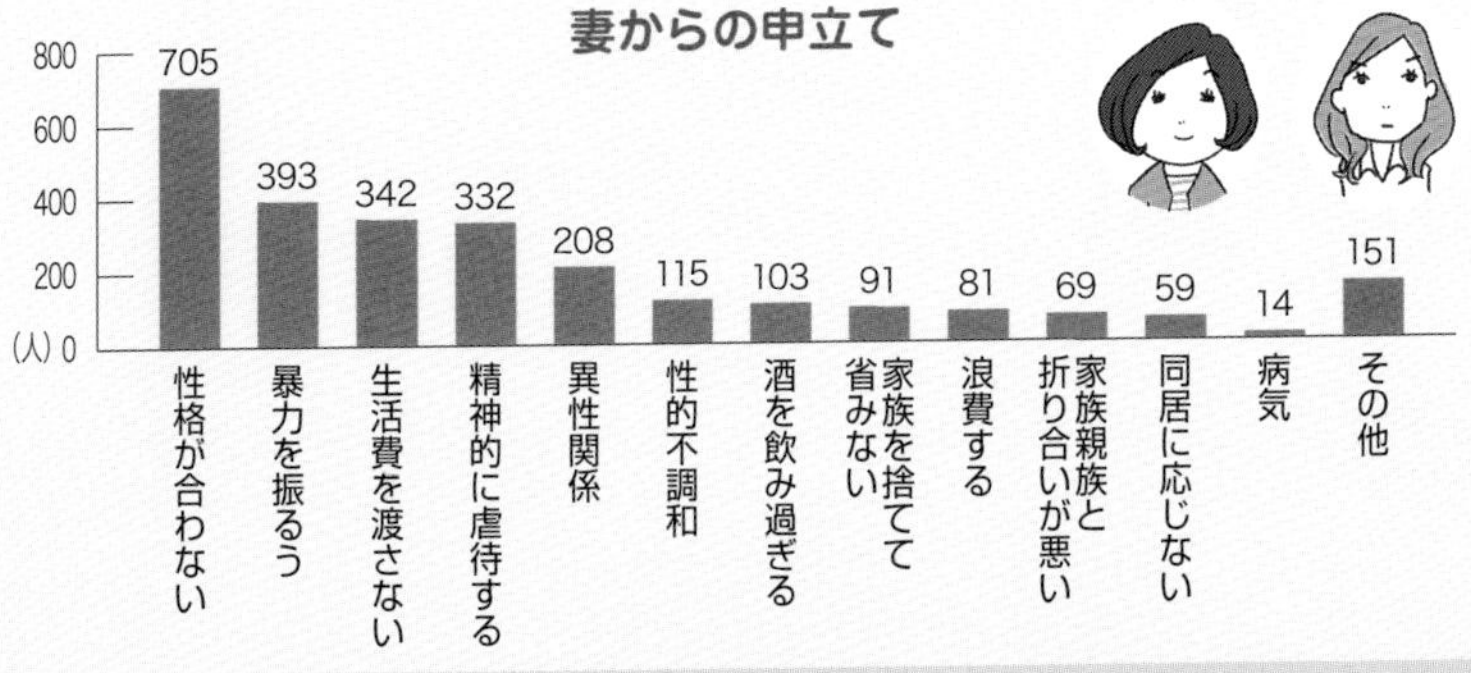

2022年度司法統計「婚姻関係事件数―申立ての動機別」

2章 とっても気になる「子ども」を学ぶ

離婚の際に必ず決めなければならない子どもの問題。親権や養育費、離婚後の姓などの取り決めだけでなく、子どものメンタル面のケアも重要です。子どもをいちばんに考えながら離婚を進めるポイントを押さえておきましょう。

離婚…
養育費がもらえるなら翔太と暮らしていけるかも
だったら
今
でしょ…
いつか
別れる
いつか
別れる
いつか
別れる
未来
いずれ別れることになるなら今、してしまってもいいのかもしれない…
正社員歴は大学卒業後の1年だけだから不安だけど
がんばって正社員で働ける仕事を探そう
働くマンnet
正社員
以前勤めたことのある不動産関連の仕事なら何とかなるかも
カタカタ
何か資格を取ろうかしら?
なんか楽しいぞっ
不動産会社で働いているとき
確か資格を持っている人は資格手当をもらっていたはず…
どん
資格手当
給与
仕事も見つかりやすそうだし
あるじゃない♪
ふーん…
おおー♪

翔太!!
起きなさーい
おはよう…ママ…
すぐできるから顔洗ってきなさいね
PAJAMAS
あ…離婚後翔太と暮らすつもりになっていたけど親権は取れるかしら?
ジュー
おじいちゃんとおばあちゃんのものぜ～んぶ翔ちゃんにあげるわね～
お金
土地
……
翔太を跡継ぎにって考えている夫やその両親を説得できるかしら?
きちんと養育費を支払ってもらえなかったら…。
養育費
生活に必要な分
資格手当
正社員給与
あっ
今日、図工でえのぐセットいるんだった!
もう～持ってくるから早く食べなさい
それに…翔太にどう切り出したらいいのか…

いってきまーす！
翔太を
お父さんのいない子に
してしまっていいのかしら？
いじめにあったり
しないかしら
お前んち
お父さん
いないんだろ
…
やっぱり
翔太が成人するまで
待ったほうがいいのかな
私さえ
がまんすれば…
ジャー
ガチャ
…ただいま…
食べてきたから
ムカッ
風呂入るわ
また？
連絡くらい
くれればいいのに
チッ
そんな小さなことで
文句を言わないでくれ
小さなこと？
ひどいっ
食事を用意するのは
それなりに
手間がかかるのよ
手間？
バッ
作るの当たり前だろ
主婦なんだから

なんか おまえといると イライラする
!!
バタンッ
……
1週間後
TOMOKO YOGA SCHOOL
うん… 真紀ちゃんの 気持ちは よくわかるよ
でも翔太くんの 将来のことも 考えないとね
私は 子どもたちが 成人してから 離婚したよ
それに もし本気で 考えているなら
真紀ちゃん自身が 離婚のことを しっかり調べて 納得のいく答えを 出さなきゃ
…

そうよね
自分で調べなくちゃ
私のこと
なんだもの
ネットで調べたり
ふ〜ん
けっこう情報って
あるものなのね…
ネットで紹介されている
本を読んだり
自分なりに離婚について
勉強しました
離婚をする前に
決めておくこと
①お金のこと

2 子どものこと

子どもが安心して暮らし、健やかに成長できるようにすることが大切です。夫婦に未成年の子どもがいる場合は、次の4つのことを決めなければなりません。

親権
未成年の子どもの世話をして財産や権利を守る人を決める。父母のどちらかが子どもの親権者になる。

養育費
子どもと離れて暮らす親が、子どもの生活に必要な費用を負担する。金額と支払方法を決める。

面会交流
子どもと離れて暮らす親が、子どもに会う機会を持つ。回数、時間、面会方法などを決める。

子どもの戸籍と姓
離婚後に子どもの戸籍と姓を変更する場合は、手続きが必要。

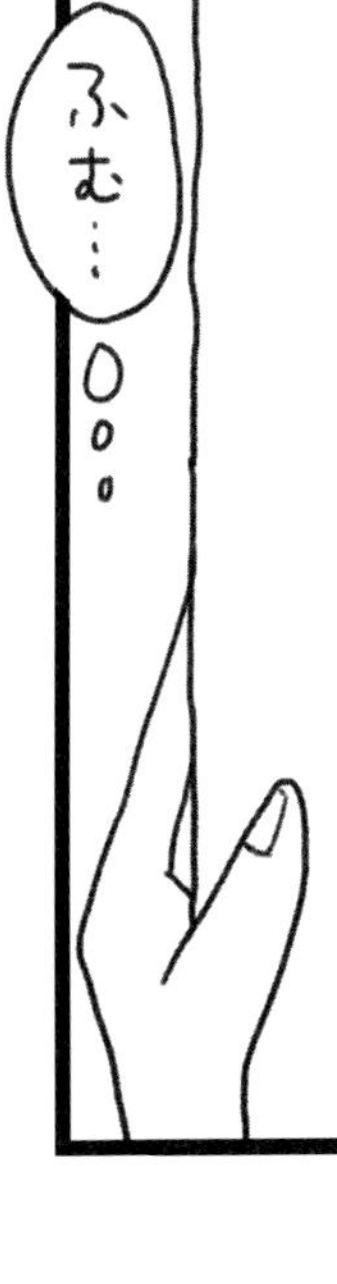
ふむ…

子どもの幸せを最優先

子どもについて決めていくうえで重要なのは、子どもの幸せを最優先にすること。「自分が子どもと離れたくないから親権を取る」「父親に会わせたくないから面会交流は認めない」というように親の都合で決めるのではなく、どうすることが子どもにとっていちばん幸せかを考えて判断しなければなりません。

子どもの心のケアを忘れずに

両親の離婚によって、不安や寂しさを感じる子どもは少なくありません。子どもの気持ちを受けとめ、なぜ離婚するのか、これからどういう生活を送るのかをきちんと説明しましょう。さらに、子どものせいで離婚するわけではないこと、これからも親として子どもの幸せを優先して考えていくことを伝えましょう。

子どもの利益を守るための権利
「親権」には2つの要素がある

親権は子どものための権利

親権とは、成年に達しない子どもの利益を守るための権利であり、次の2つの要素があります。

❶**身上監護権…**子どもの世話、教育、しつけをする権利。子どもが職業に就くときに許可を与える権利。

❷**財産管理権…**子どもの財産を管理したり、子どもに代わって契約や手続きをしたりする権利。

親権者を必ず決める

親権を持つ人を**親権者**といいます。婚姻中は、親権者は子どもの父母の両方です。しかし、離婚する場合は、**父母のどちらかが親権を取る**ことになり、親権者を決めなければ離婚することはできません。離婚届(⬇P．140)を提出する際も、親権者の記載がないと受け付けてもらえません。複数の子どもがいる場合は、一人ひとりの子どもの親権者を決めることになります。

親権者、監護者とは

一般的には、**親権者が身上監護権と財産管理権の両方を持つ**ことになります。しかし、親権者が財産管理権だけを持ち、もう一方の親が身上監護権を持って監護者として子どもを育てることも可能です。監護者は、子どもと一緒に暮らし、世話をすることができます。ただし、親権者と監護者を分けるのは、親権争いが長引いてなかなか解決できない場合などに限られ、あまり多くはありません。

なお、親権者にはならなくても、離婚してからも子どもに会う権利はあり、扶養する義務を負うことにもなります。

ポイント

- 親権には、**世話をする身上監護権と財産を守る財産管理権**の2つの要素がある。
- **子ども一人ひとりについて、父母のどちらが親権者になるかを決める**必要がある。

用語解説
・子どもの利益　子どもが心身ともに健やかに成長するために必要なすべてのこと。
・扶養　自立した生活ができない人の面倒をみること。

離婚する前に知っておきたい親権の基本

親権の2つの要素

1. 身上監護権

子どもの世話と教育をする

- 子どもの住む場所を決める
- 子どもの教育やしつけなどを行う
- 子どもが職業に就くときに許可をする

2. 財産管理権

子どもの財産を守る

- 子どもの財産を管理する
- 子どもがお金を使ったり契約をしたりすることを認める
- 結婚、改姓などの行為を認め、場合によっては子どもの代わりに手続きをする

離婚するときの親権の基本ルール

- **未成年の子どもには親権者が必要**
- **子ども１人につき父母の一方しか親権者になれない**
- **一人ひとりの子どもの親権者を決める**
- **親権者が決まらなければ離婚できない**
- **特別な理由がある場合に限り、あとから親権者を変更できる**

例えば、父親が親権者、母親が監護者となり、母親が旧姓に戻った場合、子どもが母親の姓を名乗るには親権者である父親の同意が必要になることを理解しておきましょう。

子ども
02

父、母、どちらがなる？
親権者を決める基準

普段子育てをしている親を優先

親権者を父母のどちらにするかは話し合いで自由に決めることができますが、決着がつかない場合は家庭裁判所に調停を申し立てます。調停が不成立になった場合は離婚裁判となり、裁判官が判断を下すことになります。

調停や裁判で親権を決めるにあたり最も重要視されるのは、**日常的にどちらが主に子どもの世話をしているか**ということです。子どもが安心して暮らすには、現状を維持するのが望ましいため、**普段から子どもと暮らし、面倒をみている親が優先**されます。

幼いほど母親が有利

子どもの年齢も、親権者を判断する大切な要素です。胎児の場合は原則として母親が親権者になり、**10歳以下の場合も母親が親権者になることが多い**です。理由は、この年齢では母親が主に子どもの世話をしており、子どもとの絆が密接であることが多いからです。離婚の原因をつくったのが母親であっても、子どもに愛情を注ぎ、食事や排泄などの世話や保育施設の送り迎えなどの**育児をしていれば母親が優先**される傾向にあります。

親権者は状況によって変更できる

一度決めた親権者を簡単に変更することはできません。ただし、親権者の死亡、病気、虐待、育児放棄などの理由によって子どもの生活環境が悪化し、十分な愛情を得られない場合は親権者を変更できます。その際は、家庭裁判所に親権者変更の調停または審判を申し立てます。

ポイント

親権者を決める基準は、**子どもの利益と幸福**。15歳以上の場合は、**子どもの意思を尊重**。

親権者はどのように決まるの？

親権者を決めるポイント

- 子どもと同居しており、主に子どもの面倒をみているほうを優先
- 子どもの年齢によって判断基準は異なる
- 経済力はあまり重要ではない（養育費や手当があるため）

胎児		母親が原則。出生後に父親に変更することもできる
0歳～10歳未満		母親が主に世話をしており母親との絆が深いため、母親が親権者になることが多い
10歳～15歳未満		母親が親権者になることが多いものの、子どもの意思を尊重する場合もある
15歳～18歳未満		子どもの意見を聞き、意思を尊重する
18歳～		親権者は必要ない

※2022年4月1日より、成人年齢が18歳に引き下げられました。

親権者変更調停の申立てについて

申立人	一般的には父または母
申立先	原則として相手方の住所地の家庭裁判所または当事者が合意で定める家庭裁判所
費用	●収入印紙1,200円分（子ども1人につき） ●連絡用の郵便切手
必要書類	●申立書（➡P.72）とその写し1通 ●申立人、相手方、未成年者の戸籍謄本

モメない！コツ

親権がほしいなら子どもと離れて暮らさないようにすることが大切です。自分が主に子どもの世話をしている証拠をなくさないようにしましょう。虐待や育児放棄の事実がある場合は、親権者として認められません。

例 真紀が武史と離婚して、翔太の親権者は武史となった。翔太と同居中の真紀が、翔太の親権者を自分に変更することを申し立てる場合

この申立書の写しは，法律の定めるところにより，申立ての内容を知らせるため，相手方に送付されます。

受付印	家事 ☑ 調停 ☐ 審判 申立書 〔 親権者の変更 〕

原則は、相手方の住所地の家庭裁判所

（この欄に未成年者１人につき収入印紙１,２００円分を貼ってください。）

子ども１人につき 1,200円

（貼った印紙に押印しないでください。）

収入印紙	円
予納郵便切手	円

さいたま家庭裁判所 御中 令和 ○ 年 5 月 12 日	申立人 （又は法定代理人など） の記名押印	本田 真紀 (本田)

添付書類	（審理のために必要な場合は、追加書類の提出をお願いすることがあります。） ☑申立人の戸籍謄本（全部事項証明書） ☑相手方の戸籍謄本（全部事項証明書） ☑未成年者の戸籍謄本（全部事項証明書） ☐	準口頭

申立人	本籍（国籍）	東京 ㊀都 道 府 県 練馬区大泉学園町○丁目○番地	
	住所	〒 179 － 0074 東京都練馬区春日町○丁目○番○号 春日マンション 302 号室 （ 方）	
	フリガナ 氏名	本田《ホンダ》 真紀《マキ》	(昭和) 平成 ○ 年 7 月 18 日生 （ 36 歳）
相手方	本籍（国籍）	埼玉 都 道 府 (県) さいたま市浦和区岸町○丁目○番地	
	住所	〒 330 － 0834 埼玉県さいたま市大宮区天沼町 ○丁目○番○号 （ 方）	
	フリガナ 氏名	山田《ヤマダ》 武史《タケシ》	(昭和) 平成 ○ 年 2 月 24 日生 （ 40 歳）
未成年者	未成年者（ら）の本籍（国籍）	☐ 申立人と同じ ／ ☑相手方と同じ ☐ その他（ ）	
	住所	☑ 申立人と同居 ／ ☐相手方と同居 ☐ その他（ ）	(平成) 令和 ○ 年 5 月 5 日生 （ 10 歳）
	フリガナ 氏名	山田《ヤマダ》 翔太《ショウタ》	
	住所	☐ 申立人と同居 ／ ☐相手方と同居 ☐ その他（ ）	平成 令和 年 月 日生 （ 歳）
	フリガナ 氏名		
	住所	☐ 申立人と同居 ／ ☐相手方と同居 ☐ その他（ ）	平成 令和 年 月 日生 （ 歳）
	フリガナ 氏名		
	住所	☐ 申立人と同居 ／ ☐相手方と同居 ☐ その他（ ）	平成 令和 年 月 日生 （ 歳）
	フリガナ 氏名		

親権者を変更したい未成年の子の氏名を記入する

（注）太枠の中だけ記入してください。 ☐の部分は，該当するものにチェックしてください。

この申立書の写しは，法律の定めるところにより，申立ての内容を知らせるため，相手方に送付されます。

申　立　て　の　趣　旨

※
① 未成年者の親権者を，（ ☑相手方 ／ □申立人 ）から（ ☑申立人 ／ □相手方 ）に変更するとの（ ☑調停 ／ □審判 ）を求めます。

（親権者死亡の場合）
2　未成年者の親権者を，（ □亡父 ／ □亡母 ）
〔氏名
本籍　　　　　　　　　　　　　　　　　　　　　　〕
から　申立人　に変更するとの　審判　を求めます。

申　立　て　の　理　由

現在の親権者の指定について

☑ 離婚に伴い指定した。
□ 親権者の変更又は指定を行った。

その年月日　平成・令和 ○ 年 ○ 月 ○ 日
（裁判所での手続の場合）
〔　　　　家庭裁判所　　　　（□支部／□出張所）
平成・令和　　年（家　　）第　　　　号〕

親権者指定後の未成年者の監護養育状況

☑ 平成・令和 ○ 年 ○ 月 ○ 日から平成・令和 ○ 年 ○ 月 ○ 日まで
□申立人 ／ ☑相手方 ／ □その他（　　　　）のもとで養育
□ 平成・令和　　年　　月　　日から平成・令和　　年　　月　　日まで
□申立人 ／ □相手方 ／ □その他（　　　　）のもとで養育
☑ 平成・令和 ○ 年 ○ 月 ○ 日から現在まで
☑申立人 ／ □相手方 ／ □その他（　　　　）のもとで養育

親権者の変更についての協議状況

☑ 協議ができている。
□ 協議は行ったが，まとまらなかった。
□ 協議は行っていない。

親権者の変更を必要とする理由

☑ 現在，（☑申立人／□相手方）が同居・養育しており，変更しないと不便である。
□ 今後，（□申立人／□相手方）が同居・養育する予定である。
□ （□相手方／□未成年者）が親権者を変更することを望んでいる。
□ 親権者である相手方が行方不明である。（平成・令和　　年　　月頃から）
□ 親権者が死亡した。（平成・令和　　年　　月　　日死亡）
□ 相手方を親権者としておくことが未成年者の福祉上好ましくない。
□ その他（　　　　　　　　　　　　　　　　　）

用紙は、家庭裁判所で入手するか、裁判所のホームページからダウンロードする。

「裁判所」http://www.courts.go.jp/ →「裁判手続案内」→「家事調停の申立書」→「親権者変更調停」→「親権者変更申立書」

子ども
03

日本でも導入が検討されている
共同親権

海外では共同親権が主流

親権には、父母のどちらかが親権を持つ**単独親権**と、父母がともに親権を持つ**共同親権**があります。現在の日本では、父母が離婚した場合は単独親権しか認められていませんが、海外では共同親権を認めている国が多く、日本でも導入が検討されています。

共同親権のメリット・デメリット

共同親権のメリットは、**別居している親が子育てに関わりやすくなる**ことです。単独親権の場合、親権を失った親は子育てに関わりにくく、子どもとの交流が途絶えるケースも少なくありません。共同親権であれば、父母が協力して子育てをすることになるので、**面会交流や養育費の確保が期待できます**。子どもにとっても、離婚した父母の両方と関係を持ち続けられることは、心身の成長によい影響を与えるとされています。

一方、デメリットは、**DV（ドメスティックバイオレンス）や児童虐待があっても逃れられない恐れがある**ことです。共同親権では、子どもの住む場所、教育、医療などの重要事項は、父母が話し合って決める必要があるので、DVや虐待の被害者であっても、加害者との関係を完全に断つことができないのです。

日本では、共同親権についての議論が続いており、導入が決まっているわけではありません。メリットとデメリットの両方を考慮しながら、子どもの利益を最優先したうえで、父母の両方が適切な形で子育てに関われる制度にすることが求められています。

ポイント

- 共同親権は、子どもの重要事項を**父母が話し合って決める**。どちらかの親が勝手に決めることはできない。
- **日本は共同親権を認めるかについて議論を進めている**段階。

共同親権とは？　日本ではどうなる？

共同親権のメリット・デメリット

メリット

- 別居している親が子育てに関わりやすくなる
- 面会交流や養育費を確保しやすくなる
- 離婚後も父母と交流できることにより、子どもの心身の健やかな成長が期待できる

デメリット

- ＤＶや児童虐待から逃れるのが困難
- 父母による話し合いが困難な場合や、対立した場合に、子どもの重要事項を決めるのに時間がかかることがある

現在検討されている共同親権導入のイメージ

協議離婚	→ 共同親権も認める
調停、裁判による離婚	→ 裁判所が共同親権か単独親権かを決める

日本で共同親権が導入されるとしても、少し先になりそうです。
今の状況で離婚後も父母の両方が子育てをすることを望むのであれば、面会交流や養育費について、しっかり取り決めをして、公正証書や調停調書などを作成することが大切です。

父母が平等に持つ 子どもに会う権利

子どもに会う権利

子どもと離れて暮らす親が子どもに会うことを面会交流、その権利を**面会交流権**といいます。子どもに会うだけでなく、電話やメールで連絡をとる、学校行事に参加する、プレゼントを贈るといったことも面会交流に含まれます。

一緒に暮らす親は、原則として、**相手の面会交流を拒むことはできません**。子どもがどちらの親にも会えるようにすることは、子どもにとってメリットが大きいと考えられるからです。

面会交流についての話し合いでは、面会の回数、時間、場所、子どもの受け渡し方法などを具体的に決めましょう。話し合いがまとまらない場合は、家庭裁判所に調停を申し立てます。

面会交流で気を付けること

面会交流は子どもの成長のために行うべきものなので、大人の都合で判断するのではなく、**子どもの気持ちを優先して決めて**いきましょう。ただし、子どもに暴力を振るう、子どもを連れ去る危険性がある、子どもの目の前でふさわしくない言動をするなど、子どもに悪影響を及ぼすおそれがある場合は調停を申し立て、家庭裁判所が必要と判断すれば、面会交流の制限や拒否ができます。

また、子どもを送り出す側も、会う側も、子どもに相手の悪口を言ったり、相手との関係を妨げたりするような言動は決してしてはいけません。子どもに相手の様子を探らせる、子どもを伝言役にするというのも厳禁。大人の事情や気持ちを押し付けることはせず、子どもの幸せを第一に考えて、協力し合うようにしましょう。

ポイント

● 子どもは親の気持ちに敏感なため、気を遣っていることも。面会交流に消極的なときは、**子どもの本心を慎重に探り**ましょう。

用語解説 **面会交流権**　子どもの父母に適用される権利で、原則、祖父母には認められていない。ただし、同居中、主に祖父母が世話をしていた場合は、交流が認められることもある。

面会交流取り決めのシミュレーション

例 **真紀が武史と離婚し、翔太と一緒に暮らすことになった場合の武史と翔太の面会について**

面会の頻度

月1回程度

習い事もあるし、
塾もあるし、
友達と遊びに行く日も
あるし…

面会日

原則第２土曜日（予備日：第３土曜日）

待ち合わせ場所・時間

子どもの離婚後の住居の最寄り駅などで

行き：JR ○○駅前　午前 10 時
帰り：JR ○○駅前　午後　3時

たまには
お泊まりなんかも
できる?

長期休暇中

- 夏休み・冬休みに、各２泊３日であれば OK
- 国内旅行は OK
- 海外旅行は要相談（子どもの年齢と希望に応じ）
- 武史の実家も OK

大事なシーンは
自分も
見守りたい…

学校行事への参加

- 運動会・入学式・卒業式は子どもが希望すれば OK
  ただし、母とは別の場所で見学してほしい
- 他の行事での写真、成績表、作品などは適宜見られるようにする

押さえておこう!

一緒に暮らす親は、子どもが面会に出かけるときは笑顔で送り出し、帰ってきたら温かく迎えましょう。子どもが離れて暮らす親に会うことを後ろめたく思わないようにしてあげることが大切です。

子ども
05

親権や同居にかかわらずある 養育費の負担義務

養育費は両親《りょうおや》の義務

養育費とは、子どもを育てるために必要な費用のことで、子どもの生活費や教育費など、**子育てに関する費用のすべてが含まれます**。

父母は経済力に応じて養育費を負担する義務があります。離婚した場合は、子どもと別居している親が同居している親に養育費を支払うことになります。実際には、母親が親権を持って同居することが圧倒的に多いので、その場合は父親が支払うことになります。

養育費を支払う期間は、**子どもが成人するまで**、または教育機関を卒業して**就職するまで**、とするのが一般的です。支払う期間が長期にわたることから、その間に失業や病気などによって支払う側の経済的余裕がなくなることがあるかもしれませんが、その場合も養育費を支払う義務がなくなることはありません。

子どものために必ず受け取る

一方、子どもには養育費を受け取る権利があります。ところが、「今後、相手とかかわりたくないから養育費はいらない」「子どもに会わせてくれないなら養育費は支払わない」「財産をきちんと分ける代わりに養育費は支払わない！」という親の勝手な事情で養育費が授受されないケースが多くあります。養育費は子どもの成長になくてはならないお金。子どものためにしっかり取り決めをして、それぞれが支払いと受け取りを確実に行うようにしましょう。

ポイント

- 親権を取らなかったとしても、**養育費の分担は拒否できない。**
- 分担額は、**収入の多いほうの親と同等の生活を送ることができる額**が目安。
- 養育費は、財産分与や慰謝料などの**離婚にまつわる費用とは分けて考える。**

養育費ってどんなお金？

養育費に含まれるもの

子どもの生活費

子どもの教育費

子どもの医療費

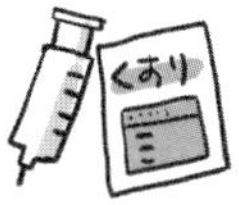

子どもの交通費

子どもの娯楽費

子どものお小遣い

養育費を支払う人

原則　**父母の双方が経済力に応じて支払う**

離婚後　**別居している親が同居している親に支払う**

※経済的に苦しくても、自分が再婚しても支払う

養育費を支払う期間

原則　**成人するまで**

高校を卒業する(18歳)まで、大学を卒業する(22歳)まで、というように、教育機関を卒業して就職するまでとするケースもある

養育費は先の長い話のため、何から何まで離婚時に決めておくのは無理ですが、少なくとも、①月々の定額分、②進学などのまとまった出費がある際の分担法、は決めておくようにしましょう。

子どもごとに！ 具体的に！
養育費の取り決め

まずは話し合いをする

養育費の金額や支払い条件については法律的な決まりがないため、**父母が話し合って決める**ことになります。話し合いの際は、金額だけでなく、支払い期間、支払い方法についても具体的に決めておかないと、支払いが止まったとき、法律の手続き上、強制的に支払わせるのが難しくなります。なお、子どもが2人以上いる場合は、子どもの年齢に応じて必要な費用が異なるので、**1人ずつ個別に取り決める**とよいでしょう。

必ず公正証書にする

取り決めた内容は口約束とせず、必ず**公正証書**にまとめましょう。公正証書には、金額のほか、誰が誰に支払うか、子どもが何歳になるまで支払うか、いつまでにどの口座に振り込むかを明記しておきます。さらに、「子どもの進学、病気、事故などによる特別な出費の負担については、別途協議するものとする」といった特別出費条項を入れておくとよいでしょう。また、支払いが滞った場合に強制執行（➡P.56）ができるよう、公正証書に**強制執行認諾約款**を付けておくのが望ましいです。

話し合いがまとまらない場合

話し合いで合意できなかったり、話し合うことが難しくて協議離婚（➡P.110）が成立しない場合は、離婚調停（➡P.116）を申し立て、養育費についても話し合います。調停が不成立の場合は離婚裁判（➡P.120）に移行し、裁判官が養育費を決めます。養育費請求の調停は、離婚後に申し立てることもできます。

ポイント

- 養育費は、子どもの年齢に応じて、**子どもごとに個別に算出する。**
- 養育費は、万が一に備え、**強制執行力のある公正証書にまとめる。**

養育費の公正証書はこう書く！

例　真紀（旧姓：本田）と武史が離婚に伴い養育費について取り決めをし、その内容を公正証書にする場合。

支払う人の名前 → 山田 武史
受け取る人の名前 → 本田 真紀
誰の養育費か（子どもの名前） → 山田 翔太

山田 武史　は　本田 真紀　に対し、山田 翔太
の養育費として、○×○×年３月　から　山田 翔太
が満20歳に達する　○×○×年５月　まで、毎月末日限り、
金６万円　を、下記口座に振り込む方法により支払う。
振込手数料は、山田 武史　が負担する。
みのり銀行　大宮中央支店　普通○○○○○○
ヤマダマキ
山田 翔太　が進学や病気などによって特別な費用を
要する場合は、山田 武史　と　本田 真紀　が協
議のうえ必要費用を支払う。

いつからいつまで支払うか → ○×○×年３月　から ／ ○×○×年５月　まで
毎月の支払い金額 → 金６万円
支払い方法 → 下記口座に振り込む方法
特別な出費がある場合の対応法 → 協議のうえ

養育費の支払いは、毎月期日までに指定の口座に振り込んでもらうのが一般的です。

森元先生からのアドバイス

養育費の終期（いつまで支払うか）を「大学卒業まで」「学業を終了するまで」と記載してしまうと、強制執行を申し立てても「終期が明確でない」として認められないリスクがあります。「子どもが22歳に達する日のあとに到来する３月（○年３月）まで」といった明確な表現を使うようにしましょう。

子ども 07

支払うのは親の義務なのに…養育費の現状

支払われていない家庭が多い

離婚して子どもと別居することになった親は、養育費を支払う義務があります（⬇P.78）。しかし実際には、**養育費がきちんと支払われているとはいえません。**

厚生労働省『令和3年度全国ひとり親世帯等調査結果報告』によれば、養育費を「現在も受けている」と回答した母子家庭は全体の28・1%、父子家庭は8・7%にとどまっています。

また、ひとり親家庭になってからの年数が長いほうが「現在も受けている」と回答した割合が少なくなっており、最初は養育費が支払われていても、**途中から支払われなくなるケースが多い**ことがわかります。

離婚時の取り決めが大切

養育費が支払われていない原因としては、**離婚時に養育費に関する取り決めをしていない**ことが挙げられます。同調査によると、離婚時に取り決めをしている場合、母子家庭の57・7%、父子家庭の25・9%が、養育費を「現在も受けている」と回答しており、全体の数字より高くなっています。

養育費の取り決めをしなかった理由として、母子家庭で最も多かった回答は「相手と関わりたくない」、父子家庭では「相手に支払う能力がないと思った」となっており、話し合いが十分に行われていないことがうかがえます。

DVなどを理由に、離婚した相手と会いたくないという方もいますが、会わなくても養育費は受け取れますし、督促もできます。子どものための費用ですので、制度は賢く利用しましょう。

ポイント

- 養育費を受け取っている**母子家庭は3割未満、父子家庭は1割未満。**
- 離婚時に**養育費の取り決めをしたほうが支払われる**傾向がある。

取り決め次第でこんなに違う！ 養育費の受け取り状況

離婚時に養育費の取り決めをすることによって、養育費を受け取り続けることができる可能性が高くなります。しっかり取り決めをしましょう。

取り決めをしている場合

取り決めをしていない場合

母子家庭

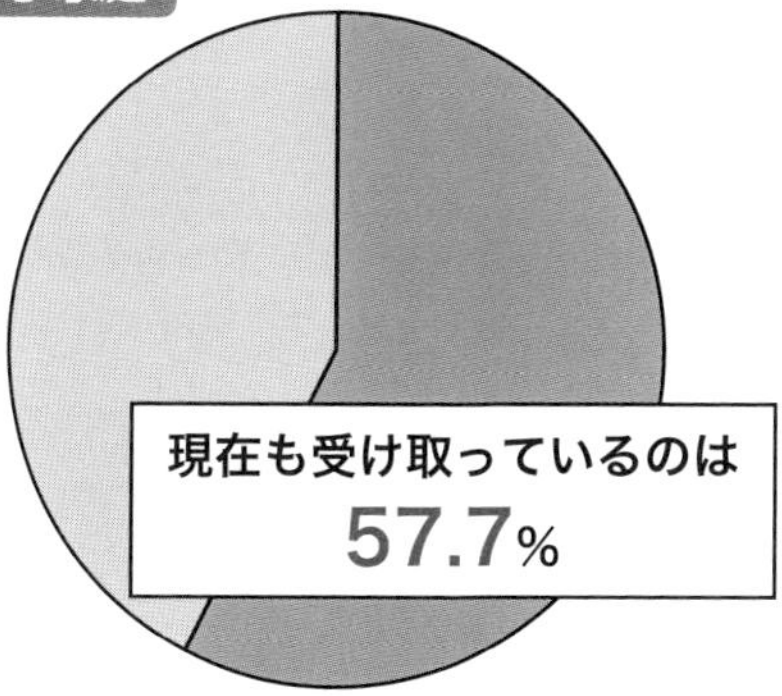

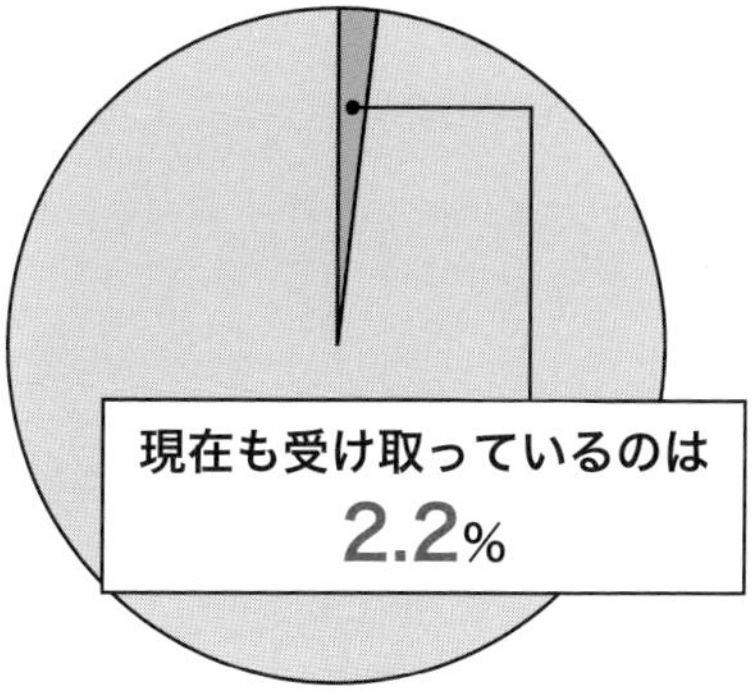

父子家庭

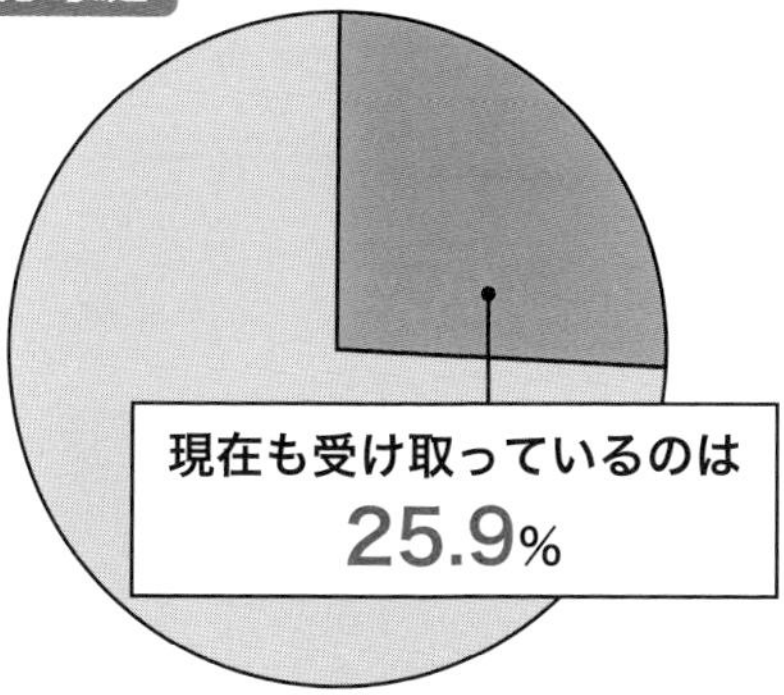

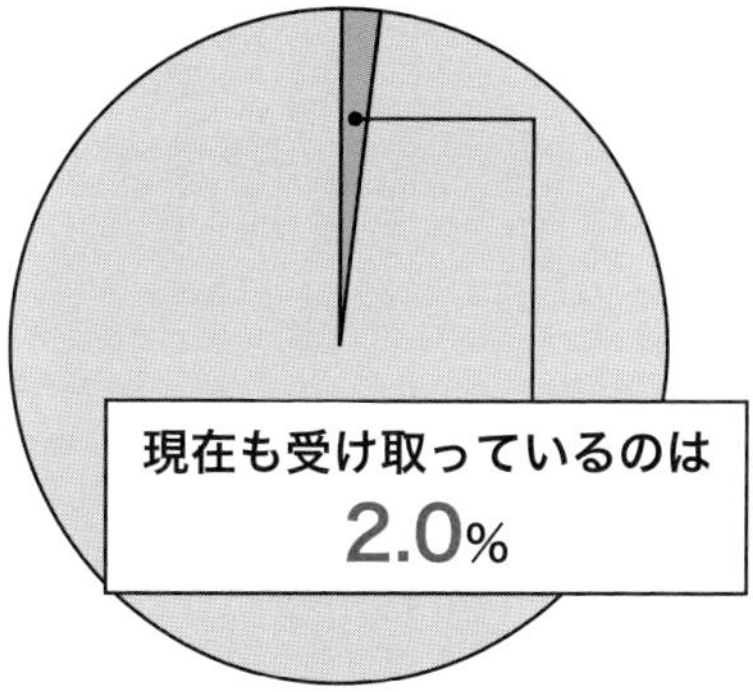

厚生労働省『令和３年度全国ひとり親世帯等調査結果報告』をもとに作成

押さえておこう！

最近は、地方自治体による養育費の支援が広がっており、養育費立替支援、公正証書の作成費用の補助などが受けられるところもあります。養育費が支払われないときは、相手に請求するだけでなく、お住まいの自治体（市区町村のひとり親家庭支援センター、子ども家庭課、子ども政策課など）でどのような支援を受けられるか確認するといいでしょう。

子ども
08

金額はこう決める!
養育費の算出方法

支払い金額の決め方

養育費の金額は、父母の年収や生活レベルによって異なります。話し合いで決める場合は、養育費を支払う期間の生活費と父母の年収を調べて話し合います。**収入が多いほうの親と同じ生活レベルで暮らせるくらいの金額**が目安です。

まずは、「養育費に含まれるもの」(⬇P. 79)を参考に目安を立ててみるのもよいでしょう。また、裁判所が作成した「**養育費算定表**」(⬇P. 87)を参考に決めるのもひとつの方法です。父母の年収、子どもの人数と年齢をもとに、妥当な金額を調べることができます。金額はあくまで目安なので、必ずしも算定表の金額どおりにする必要はありませんが、広く活用されています。ちなみに、調停や裁判では、養育費算定表をもとに金額を判断します。なお、養育上の事情によっては、途中で金額を変更することも可能です(⬇P. 88)。

養育費を上乗せできる場合

算定表から算出した養育費に**上乗せして請求できる**ケースがあります。代表的なのは、子どもが私立の学校に進学する場合です。算定表の金額は、子どもが公立の学校に進学することを想定して決められており、私立への進学は考慮されていません。養育費を支払う側が私立の学校への進学を認めていれば、父母の収入や資産に応じて、公立より多い分の学費の一部または全額を請求することができます。

ポイント

- 養育費は、**父母それぞれの年収、子どもの人数や年齢に応じて、**適正額を算出する。
- 養育費は学費に左右されるため、可能であれば**子どもの進学への希望**を聞いておく。
- 養育費算出の際、公的機関の統計や保険会社が公表している教育費の目安など、**根拠を明確に**すると説得力が高まる。

養育費に上乗せできる教育費・できない教育費

養育費への上乗せが可能かどうかは、父母の収入や学歴などによって異なりますが、一般的には次のように考えられています。

養育費に上乗せできる教育費

私立の学費

下記の２つの条件を満たしていれば、公立の学費との差額分またはその一部を請求できる可能性が高くなる。

- 養育費を支払う側が私立校への進学に賛成している
- 養育費を支払う側に上乗せ分を払うだけの収入と資産がある

私立大学の学費は、奨学金を利用する、子ども自身がアルバイトをするなどの方法で払うことも検討しましょう。

養育費に上乗せできない教育費

部活代

通学費

学用品・制服代

塾・習い事代

など

私立校の学費以外は、すでに養育費に含まれている費用なので、改めて請求することは原則としてできない。ただし、相手の同意があれば支払ってもらえる。

損しない!! コツ

離婚後の子どもの学業の様子、成績、興味を持っていること、進路の希望などがどれだけ相手方に伝わっているかによって、相手が付加的な教育費をどれだけ支払う気持ちになれるかが違ってくるかもしれません。離婚後のふたりの関係にもよりますが、どの程度の情報を伝えられるか、よく考えてみましょう。

養育費算定表の見方

養育費算定表は、子の人数・年齢によって表が分かれています。ここでは、子１人表（０～14歳）の表を掲載して解説します。

1. 子の人数・年齢をもとに、家庭裁判所のホームページ上で該当する表を見つける。
2. 縦軸で、養育費を支払う側の年収を探す。
3. 横軸で、養育費を受け取る側の年収を探す。

（2.・3.）縦軸、横軸とも給与と自営に分かれる

4. 縦軸の年収から右に伸ばした線と、横軸の年収から上に伸ばした線が交わったところに書かれている金額が養育費となる。

年収の求め方

- 給与所得者の場合は、源泉徴収票の「支払金額」に記載されている金額。他に収入がある場合は加算する。
- 自営業者の場合は、確定申告書の「課税される所得金額」に、基礎控除や青色申告控除、支払いがなされていない専従者給与などを加算する。
- 児童扶養手当や児童手当は年収に含めない。

真紀の場合

夫  年収（給与）600万円

妻  年収（給与）90万円

子  １人（10歳）

❶子１人、10歳なので、「表１養育費・子１人表（子０～14歳）を選択する。

❷養育費を支払う父の年収は600万円なので、縦軸（給与）の数値は600を基準にする。

❸養育費を受け取る母の年収は90万円。数値は75と100があるが、100のほうが近いので、横軸（給与）の数値は100を基準にする。

❹縦軸（給与）の600から右に伸ばした線と、横軸（給与）の100から上に伸ばした線が交わる欄を確認する。

真紀が受け取る養育費の目安　**6～8万円／月**

支払う側の年収

養育費・子１人表（子0～14歳）

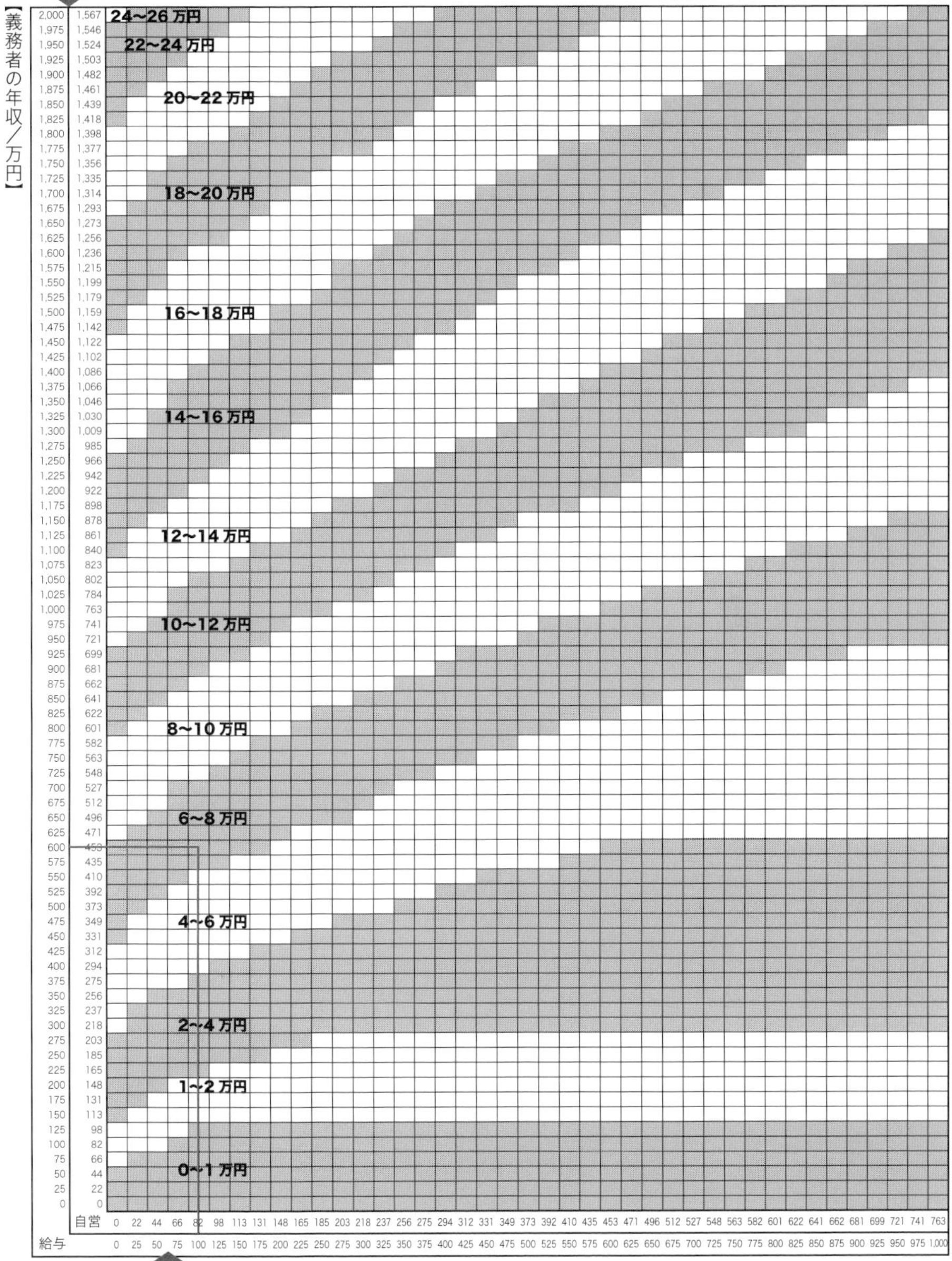

受け取る側の年収

【権利者の年収／万円】
令和元年12月23日改定

養育費算定表は、東京家庭裁判所のホームページで見ることができます。
「東京家庭裁判所」http://www.courts.go.jp/tokyo-f/index.html ➡
「裁判手続きを利用する方へ」➡「手続案内」➡「養育費·婚姻費用算定表」

子ども 09

状況に応じて変更可能
養育費の増額・減額

養育費は変更できる

養育費の支払い期間に、親の経済状況や生活環境が変わった場合は、離婚するときに決めた**養育費の金額を変更することができます**。例えば、子どもの進学によって教育費が増えたり、受け取る側の親の失業や病気によって収入が減ったりしたときは、**養育費の増額を求めることができます**。反対に、支払う側の親の収入が減ったり、再婚して扶養家族が増えたり、受け取る側の親の収入が増えたりしたときは、**減額を求めることができます**。

養育費の増額や減額については、基本的には**父母が話し合って決めます**。話し合いで合意できたら公正証書にまとめ、合意できない場合は家庭裁判所に養育費の額の変更を求める調停を申し立てます。調停でも合意できない場合は、審判で裁判官が決定します。

再婚しても養育費支払いは義務

両親のどちらかが再婚をしても、**養育費を負担する義務が自動的になくなるわけではありません**。ただし、支払う側が、再婚相手との間に子どもができて扶養家族が増えた場合は、生活状況に応じて減額を求めることができます。また、受け取る側の親が再婚しても引き続き養育費を受け取ることはできますが、再婚相手と子どもが養子縁組をし、その相手に経済力がある場合は、減額またはゼロとなる可能性が高くなります。

なお、養子縁組をすると、子どもが再婚相手の遺産を相続する権利が生まれます。子どもにとって、どちらがより望ましいのかを考えて、慎重に判断しましょう。

ポイント

● 増額を求める場合は、**相手の収入を正確に把握する**とともに、教育費の増加など**増額する必要がある理由を明確に**する。

用語解説 養子縁組　血縁関係のない人との間に、法律上の親子関係を成立させること。養子は嫡出子と同じ扱いになる。

養育費の増額・減額ができるのはどんなとき？

増額

- 子どもの進学により教育費が増えた
- 受け取る側の親が、失業・転職して収入が減った
- 子どもの病気・入院により医療費が増えた
- 支払う側の親の収入が増えた
- 物価が上昇した

減額

- 子どもの進路変更によって教育費が減った
- 支払う側の親が、失業・転職して収入が減った
- 支払う側の親が再婚して、その相手との間に子どもが生まれた
- 受け取る側の親が再婚して、再婚相手と子どもが養子縁組をした
- 受け取る側の親の収入が増えた

増額が認められないことがあるケース

- **離婚時に養育費を一括で受け取った場合**

  養育費が足りなくなったのは計画的に使わなかった親の責任と考えられるため。

- **養育費算定表の金額とかけ離れているというのが理由の場合**

  算定表の金額はあくまで目安であるため、いったん合意した金額が算定表の金額よりも低いから増額してほしいというだけでは、事情として認められない。

損しない!コツ

離婚時に「養育費を受け取らない」と取り決めをしても、経済状況の変化などの事情がある場合は、あとからの請求が認められることがあります。必要になったときは諦めずに、まずは相手と話し合ってみましょう。

子ども 10

支払いが滞ったら…

未払いの養育費支払い請求

強制執行をする前に

養育費が支払われないときは、財産分与や慰謝料の場合と同様に、まずは**自分で催促**し、それでも支払われないときには**法的手段**をとります(➡P.56)。

話し合いで取り決めをした場合も、調停・裁判で取り決めをした場合も、まずは電話やメール、手紙などの一般的な方法で相手に支払いを求め、それでも応じない場合は**内容証明郵便**を送って請求します。内容証明郵便には法的強制力はないものの、相手に心理的なプレッシャーを与えることができます。それでも成果が出ないときに、強制執行認諾約款付公正証書(➡P.56)を持っていれば、強制執行(給与の差押えなど)が可能になります。

調停・裁判で取り決めをした場合は、家庭裁判所に**履行勧告・履行命令**を出してもらえるほか、最後の手段として**強制執行**もできます(➡P.57)。

強制執行するには

強制執行で差押えできる財産には、債権(給料、預貯金など)、不動産、自動車、動産(貴金属など)があります。養育費のように長期にわたって継続的な支払いを求めるときは、給料を差し押さえるのが一般的です。基本的には給料の4分の1までしか差し押さえられませんが、**養育費の場合は給料の2分の1まで**差し押さえることができます。さらに、一度手続きを行えば、過去に支払われなかった分だけでなく、将来の分も差押えが認められています。

ポイント

- 養育費の請求には**期限がある**ので、催促をしても支払われない場合は、できるだけ早く**法的な手続き**をとる。
- 強制執行で給与を差し押さえるには、**相手の勤務先**を知っていなければならない。

用語解説

- **履行勧告**　支払うよう家庭裁判所が電話や手紙などで説得する。費用は無料。強制力なし。
- **履行命令**　家庭裁判所が支払うよう命じる。10万円以下の過料あり。強制力なし。

内容証明郵便で請求するときはこう書く！

催告書

相手の住所と名前

埼玉県さいたま市大宮区天沼町○丁目○番○号
山田 武史 殿

私とあなたとの間に令和○年2月20日に成立した離婚協議書の内容に基づき、長男翔太の養育費として、月6万円の支払いを受けることになっていました。
しかし、令和○年4月以後の支払いを受けておりません。
現在、5か月分30万円の支払いが滞っております。

支払われていない金額を明記

つきましては、本書到着後2週間以内に、令和○年4月以後の養育費30万円を指定の口座にお振込みください。なお、振込手数料は貴殿の負担とします。
2週間以内の10月14日までにお支払いがない場合は、ただちに法的手続きをとることを申し添えます。

「○月○日まで」と期限を区切って請求

法的手続きをとる用意があることを伝えてプレッシャーをかける

令和○年9月30日

請求した日付

東京都練馬区春日町○丁目○番○号
春日マンション302号室
本田　真紀 (本田)

自分の住所と名前、印

押さえておこう！

「養育費相談支援センター」では、養育費の相談を受け付けています。
電話：0120-965-419／（携帯電話・PHS）03-3980-4108（平日10時～20時、水曜日12時～22時、土曜日・祝日10時～18時）
メール：info@youikuhi.or.jp

両親が離婚しても保障される 子どもの相続権

親が離婚しても子どもには相続権が残る

夫婦が離婚すると、配偶者の相続権はなくなりますが、**子どもが両親の相続権を失うことはありません**。たとえ一方の親と別居をしていても、戸籍が別であっても、親子である事実は変わらないからです。

親が再婚した場合

子どもと離れて暮らす親が再婚して新たに子どもが生まれても、前の配偶者との間にできた子どもの相続権がなくなることはありません。どちらの子どもにも相続分があり、同等に分けられます（左ページ「ケース1」）。

子どもと一緒に暮らす親が再婚した場合も、実両親の財産を継ぐ相続権がなくなることはありません。

一方、子どもと再婚相手との間には血縁関係がないため、子どもには再婚相手の財産を相続する権利はありません（左ページ「ケース2」）。再婚相手の財産を相続させたい場合は、**養子縁組**を結び、法律上の親子になる必要があります。

マイナスの財産が多い場合

財産には預貯金などのプラスの財産だけでなく、借金などのマイナスの財産も含まれます。相続する際は、子どもであってもマイナスの財産も引き継ぐことになります。プラスの財産よりマイナスの財産が多いときは、相続が開始したことを知ったとき（通常は親の死亡日）から3か月以内に家庭裁判所に**相続放棄**を申し立てることもできます。

ポイント

- 両親が離婚しても、再婚しても、**子どもの相続権、法定上の相続割合は守られる。**
- 再婚相手に対する相続権は、**養子縁組をすることが条件となる。**

子どもの相続権と相続分を確認しよう！

法律で決められた相続の割合（法定相続分）

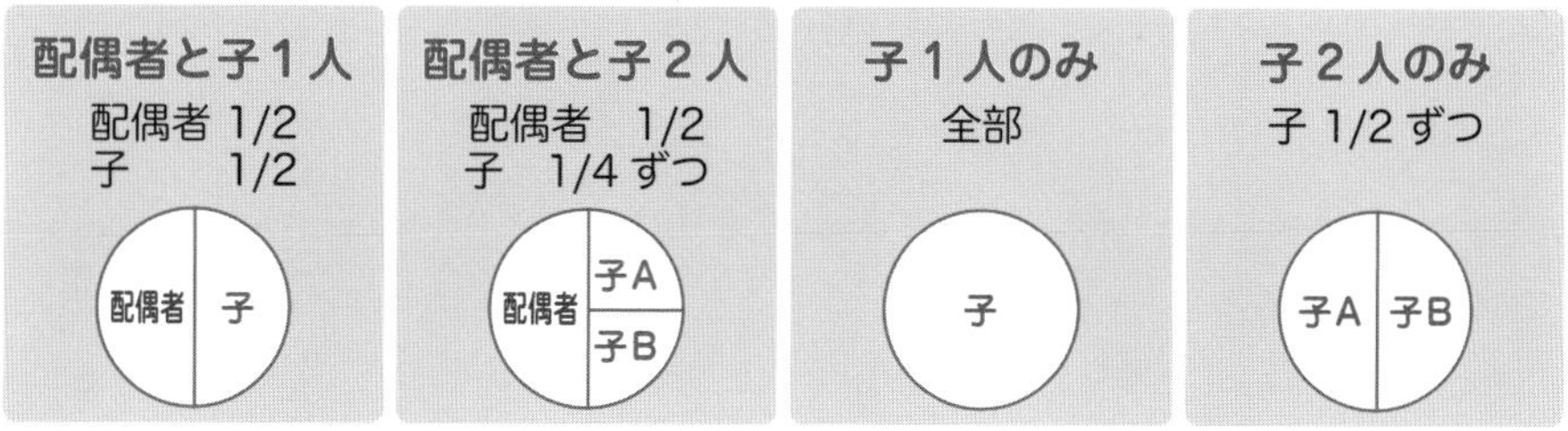

親の再婚と子どもの相続

ケース1　離れて暮らす父親が再婚して子が生まれた場合

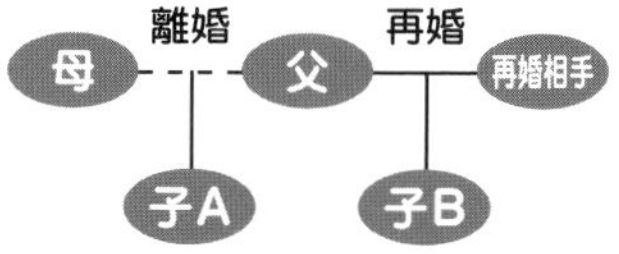

- 父が亡くなった場合
  再婚相手：1/2、子Ａと子Ｂ：1/4ずつ
- 母が亡くなった場合
  子Ａ：全部

ケース2　一緒に暮らす母親が再婚して子が生まれた場合

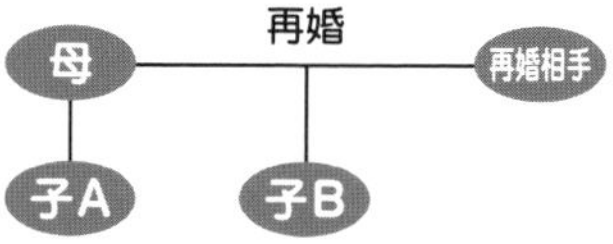

- 母が亡くなった場合
  再婚相手：1/2、子Ａと子Ｂ：1/4ずつ
- 再婚相手が亡くなった場合
  母：1/2、子Ｂ：1/2

ケース3　離れて暮らす父親が「再婚相手にすべての財産を相続させる」という遺言書を残して死亡した場合

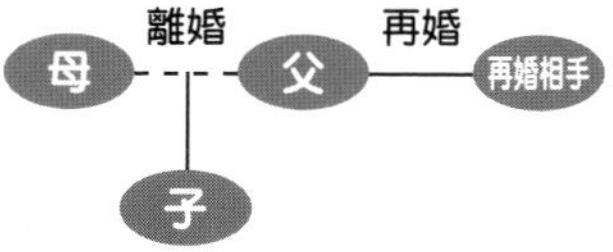

- 遺言があっても、子は法定相続分の1/2をもらうことができる（遺留分）。つまり、法定相続分 1/2×1/2＝1/4が相続分となる。
  再婚相手：3/4　子：1/4

押さえておこう！

「ケース３」の場合、遺留分を取り戻すには、遺留分減殺請求《いりゅうぶんげんさいせいきゅう》を行います。遺留分減殺請求の方法に決まりはありませんが、１年以内に請求する必要があり、相続した人に内容証明郵便を送って意思表示をしてから、話し合い、調停、裁判を行うのが一般的です。

子ども 12

別居している配偶者に子どもを連れ去られたら

一刻も早く取り戻すこと

離婚が成立するまでの別居中の面会のときなどに、親が子どもを連れ去るという問題が起こることがあります。それは不法行為にあたるものの、連れ去った親と暮らす期間が長くなり、子どもの生活が安定していれば、取り戻すことが困難になります。子どもを取り戻すには、一刻も早く行動に移すことが重要です。

まずは「子の引渡し審判」申立て

子どもを取り戻すために最初に行うべきなのは、相手の現住所をつきとめること。相手の現在の居場所が不明でも、相手に連絡のつく何らかの住所を特定します。

特定できたら、一刻も早く、**家庭裁判所に「子の引渡し審判」と「審判前の保全処分」を申し立てます**。審判前の保全処分の申立てが認められると、審判の結果が出る前に、仮処分として子どもを引き渡すよう裁判所が命じます。

審判ではなく、調停を申し立てることもできますが、子どもを連れ去るような人が話し合いに応じるとは考えにくいので、はじめから審判にしたほうがよいでしょう。

「人身保護請求」を申し立てる

審判が出たにもかかわらず相手が応じない場合や、離婚後に親権者ではない元配偶者に子どもを連れ去られた場合は、弁護士に依頼して**地方裁判所に「人身保護請求」を申し立てます**。緊急性が高い場合でないと認められませんが、短期間で結果が出ます。

ポイント

- 調停よりも審判を急いで申し立てるほうがよい。
- 子どもの身に危険が及ぶ可能性がある場合は、**警察**に相談を。
- 子どもが海外に連れ去られた場合は、ハーグ条約が適用される可能性がある。

用語解説 **戸籍の附票** 住所の移動歴が記載された書類。本籍地のある市区町村役場でのみ取得できる。

子どもの連れ去りに注意！　対応手順と予防策

対策 1

警察に相談する

誘拐罪として連れ去った親を逮捕し、子どもを監護者（➡ P.68）に返してもらえるケースもある。

対策 2

相手の現住所をつきとめる

→（住所がわからない）→ **相手の住所を調べる**
市区町村役場で戸籍の附票を請求する。

↓（住所がわかる）

同時：

家庭裁判所に「子の引渡し審判」を申し立てる
提出書類や聞き取りの内容を考慮して裁判官が判断する

「審判前の保全処分」を申し立てる
認められると、審判を待たずに子どもが仮に引き渡される

↓（相手が応じない）

地方裁判所に「人身保護請求」を申し立てる
弁護士でないと手続きはできないので、まずは弁護士に相談する

連れ去り防止の予防策

別居中の親について行ってしまわないように日ごろから子どもに言い聞かせる

学校や園に事情を説明しておく

子どもにGPS機能付携帯電話を持たせる

近所の人やママ友・パパ友と交流する

子どもが配偶者（元配偶者）に連れ去られた場合、離婚前である場合は「子の引渡し審判」および「子の引渡しの保全処分」を、離婚後の場合は原則として「子の引渡し審判」ではなく、「人身保護請求」を申し立てます。

例 真紀と武史が別居し、その間に武史に翔太を連れ去られた真紀が審判を申し立てる場合

事件名に「子の引渡し」と書く

この申立書の写しは，法律の定めるところにより，申立ての内容を知らせるため，相手方に送付されます。

受付印	家事 □ 調停 ☑ 審判 申立書 事件名（子の引渡し）
	（この欄に申立て１件あたり収入印紙１，２００円分を貼ってください。）
収入印紙 円	
予納郵便切手 円	（貼った印紙に押印しないでください。）

子ども1人につき1,200円

原則は、子どもの住所地がある家庭裁判所

東京 家庭裁判所 御中 令和 ○ 年 8 月 2 日	申立人 （又は法定代理人など） の記名押印	山田 真紀 （山田 印）

添付書類	（審理のために必要な場合は，追加書類の提出をお願いすることがあります。）	準口頭

申立人	本籍 （国籍）	埼玉 都道府(県) さいたま市浦和区岸町○丁目○番地	
	住所	〒 179 － 0074 東京都練馬区春日町○丁目○番○号 春日マンション 302 号室 （　　　方）	
	フリガナ 氏名	山田《ヤマダ》 真紀《マキ》	大正 (昭和) 平成 令和 ○ 年 7 月18 日生 （ 36 歳）
相手方	本籍 （国籍）	埼玉 都道府(県) さいたま市浦和区岸町○丁目○番地	
	住所	〒 330 － 0834 埼玉県さいたま市大宮区天沼町 ○丁目○番○号 （　　　方）	
	フリガナ 氏名	山田《ヤマダ》 武史《タケシ》	大正 (昭和) 平成 令和 ○ 年 2 月24 日生 （ 40 歳）

（注）太枠の中だけ記入してください

連れ去った人の情報

この申立書の写しは，法律の定めるところにより，申立ての内容を知らせるため，相手方に送付されます。

申　立　て　の　趣　旨
相手方は申立人に対し、未成年者山田翔太を引き渡すとの審判を求めます。

申　立　て　の　理　由
1.申立人と相手方は、令和○年2月1日に、別居をしました。 2.その後、申立人が未成年者の養育にあたっていましたが、令和○年7月25日、面会交流の際に相手方が未成年者を相手方宅に連れて行ったまま、申立人がいくら催促しても未成年者の引渡しに応じません。 3.よって、申立ての趣旨のとおりの審判を求めます。

（別紙）

※ 未成年者	本籍 （国籍）	埼玉　都 道 府 (県)　さいたま市浦和区岸町○丁目○番地	
	住所	〒 179 － 0074 東京都練馬区春日町○丁目○番○号 春日マンション302号室 （　　　　方）	
	フリガナ 氏名	山《ヤマ》田《ダ》 翔《ショウ》太《タ》	昭和 (平成) 令和　○年 5月 5日生 （ 10 歳）

連れ去られた子どもの情報

用紙は、家庭裁判所で入手するか、裁判所のホームページからダウンロードする。

「裁判所」http://www.courts.go.jp/ →「裁判手続案内」→「家事調停の申立書」
→「子の引渡し調停」→「家事調停申立書」

安心して子どもを預けたいときに利用したい

ひとり親の育児をサポートする公的支援

都道府県や市区町村では、ひとり親の育児をさまざまなかたちで支援しています。なかには、親が仕事や病気などのときに子育てをサポートしてくれるサービスもあるので、まわりに頼れる人がいないときは、このような公的支援があることも覚えておくとよいでしょう。

家事や育児を手伝ってほしいときに利用できるのが、ホームヘルパー派遣です。日常生活が安定するまでの期間、自宅にホームヘルパーが来てくれて、食事の世話、掃除、洗濯、子どもの世話をしてくれます。

子どもを預けたいときは、ファミリーサポートセンター（ファミサポ）、ショートステイ、トワイライトステイを利用できます。ファミサポは個人宅で、ショートステイとトワイライトステイは施設で預かってくれます。預けられる時間や料金などを比較して、最適なサービスを選びましょう。なお、子どもが病気のときは病児・病後保育を利用することになりますが、市区町村によってはファミサポで病児保育を行っているところもあります。

名称	内容	料金
ホームヘルパー派遣	ホームヘルパーが家事、育児を行う。小学生以下の子どもがいるひとり親の家庭を対象とすることが多い	所得によって料金が異なる。生活保護世帯や住民税非課税世帯は無料
ファミリーサポート（ファミサポ）	地域で子育てを助け合う仕組み。自治体に登録している地域の人たちが子どもの預かりや送迎をしてくれる	市区町村によって異なるが、1時間600円〜1,000円が多い。ひとり親家庭の利用料を助成する市区町村もある
ショートステイ	最長7日間子どもを預かる。仕事や病気の場合だけでなく、育児に疲れたときでも利用できる	市区町村によって異なる
トワイライトステイ	平日の夜間、または休日に子どもを預かる	市区町村によって異なる

3章 ついに離婚を決意！

「離婚手続き」を学ぶ

夫婦の話し合いのみで進められる離婚から裁判所の判決を必要とする離婚まで、離婚の種類はさまざまあります。離婚の進め方、書類の書き方や注意点などを学び、有利にスムーズに離婚を進められるようにしましょう。

真紀さん
ランチ行きません？
うん
このまま夫が
離婚に応じないなら
調停離婚に
持ち込むつもりです
キッパリ
ち…調停離婚？
あちっ
はい
離婚の約9割は
協議離婚なんですけど
うちは合意
できそうになくて…
しょうがないです
裁判離婚　2.2%
その他　1.2%
調停離婚　8.3%
協議離婚　88.3%

※厚生労働省「人口動態統計 2022 年」より

で、じつは この間 家庭裁判所に 行ったんです
さっ 裁判所!?
裁判所とは言っても 相談に行っただけです
調停の 手続きをするにも 不安があるし
家庭裁判所には 家事相談室という 部署があって
調停に必要な 書類や費用 手続き方法などを 教えてもらうことが できるんです
必要なら 調停をしたほうが よいかどうかという アドバイスをもらえる みたいですよ
へ〜ー
そこで 必要な書類も もらってきました
夫婦関係等調整調停 申立書
連絡先等の 届出書
事情説明書 (夫婦関係調整)
進行に関する 照会回答書 (申立人用)
すごい…

なんだか大変そう…
これでいいんですっ
でも…
わたしは
できるだけ
こじらせずに
離婚したいなぁ…
美咲ちゃん
ドロ沼
じゃん…
翔太のこともあるし
ドロ沼だけはいやだな
協議離婚で
収めたいわ…
でしょ!?
そう思いますよね!?
うんっ
でも
どう切り出したら
いいんだろ…
ごめん
なんだっけ?
え?.
うーん…
チェックリスト
よし
次の日の夜から
毎晩じっくりと
リストを作って
いきました
話し合うべきこと
1.

話し合うべきことは…と
夫にこう言われたらこう切り返す…と
こう切り返す
離婚には応じない
→オレが親権を取る
理屈っぽいから対策考えとかないと…
ブツブツ
とりあえず深呼吸…
できれば翔太が転校しなくて済むようにしたいな
「新しい生活への道」と…
新しい生活への道
住む場所
新しい仕事
ブツブツ
うーん…
数日後…
よし！できた
リスト
そして…翔太が智子さん親子と遊園地へ行った日曜日…
大丈夫!!
準備ちゃんとしたんだから大丈夫!!
ねぇパパ…
ドキドキ
ドキドキ

ん？
なに？
……
イラッ
なんだよ！
ムッ
なっ
いけない
いけない
冷静に
ちょっと
散歩に出ない？
大事な話があるの
なんだよ
めんどくさいなぁ
何だよ
大事な話って
…それで
離婚をしたいと
思うの
なっ！
…なぜ…
う…
いつから？
どうして？
ずっと…

そんな公園での話し合い後…
お金は…
家は…
翔太は…

話し合いを進める6つのポイント

1. 話し合いの内容は主に2つ

❶離婚の決意とその理由を伝えて、離婚をするかしないかを決める

❷離婚をする場合は、お金と子どもについての条件

2. 話し合いたい内容を事前に考えておく

話し合いで決めること、話し合いで相手に伝えたいことを、事前にメモにまとめておき、話し合いでは、もれがないようにメモを見ながら進める

3. 冷静に話し合う

相手を責めたり、感情をぶつけ合ったりしても話は進まない

4. 話し合いには時間をかける

一度ですべてを話し合う必要はない。また、もめたときは、いったん時間と距離をおいてから再び話すのもひとつの方法

5. 場合によっては第三者を入れて話し合う

話が進まない場合や、相手が暴力をふるう恐れがある場合は、中立的な立場の第三者に同席してもらうか調停を検討する

6. 話し合いの内容をメモや録音に残す

証拠を残しておくことが大切

離婚手続き 01

感情的にならずに焦らずに 別居は計画的に準備する

別居時の注意点や持ち物

話し合いのときに感情的になってしまい話が進まないときは、冷静になるために別居して距離を置くのもひとつの方法です。別居をするときは、**やみくもに家を飛び出すのではなく、計画的に**行います。

家を出るのであれば、住まいを確保し、当面の生活費を用意する必要があります。その場合は、別居期間中の婚姻費用(⬇P.38)についても話し合っておきましょう。

離婚後に親権を取りたいのであれば、子どもを置いて自分だけ別居することは避けましょう。のちに調停や裁判で親権を争うことになった場合、同居している親が有利になるからです(⬇P.70)。

持ち出す物は、左ページのリストに書かれている物を優先しましょう。このほか、結婚前から持っている物や、自分の所有物であることが明らかな物は、持ち出しても問題はありません。

黙って家を出る場合の注意点

夫婦は同居する義務があるので、別居するときは、原則として配偶者の合意が必要です。ただし、相手からDVやモラハラを受けていて合意が難しい場合や、相手方に不貞などの明確な非がある場合、何度話し合っても平行線のままの場合などは、合意がなくても別居をすることもあるでしょう。今後の話し合いのためにも、別居先の住所は、相手に知らせておくようにします。ただし、DVなどが原因の場合は知らせる必要はありません。相手が不在のうちに家を出る際は、**別居の経緯についての証拠を残すため、置き手紙を残し**ましょう。

ポイント

- 関係修復か離婚かを決断するためにも**別居**は有効。
- 置き手紙を書く際は、**感情的な言葉は書かない**。

用語解説
- DV　ドメスティック・バイオレンスの略。親密な関係にあるパートナーからの暴力のこと。
- モラハラ　モラル・ハラスメントの略。言葉や態度によって心を傷付ける精神的暴力のこと。

別居するとき押さえておくべきこと

別居するときの主な持ち物

- □現金
- □自分名義の通帳・キャッシュカード
- □運転免許証、パスポート（身分証明書になる）
- □不倫、DVの場合はその証拠（写真、動画、診断書など）
- □印鑑
- □携帯電話・スマートフォン
- □健康保険証、年金証書
- □配偶者名義の預貯金通帳・不動産権利書のコピー（財産を証明する資料）
- □子どもの持ち物

置き手紙の書き方（例）

○月○日に受けた暴力で顔に傷を負い、全治２週間と診断されました。このような生活には耐えられないので、子どもを連れて家を出ます。今後は、弁護士を通じて連絡します。

△月△日

名前

結婚後に夫婦で使っていた物は、合意のうえで持ち出すようにしましょう。

ここに注意

- ●別居の理由を書く
- ●あとで証拠になることも考え、事実を淡々と書く
- ●相手を非難する感情的な言葉は書かない
- ●理由がDVの場合は、連絡先を知らせる必要はない

荷物は別居したあとに渡してもらうよう請求できると思われがちですが、実際には裁判で物の引渡しを請求することはほぼ不可能です。相手が生活に困る物まで持ち出してはいけませんが、自分の貴重品はなるべく忘れずに持って出るようにしましょう。

離婚の種類は6つある
離婚成立までの流れ

約9割は協議離婚

離婚には、大きく分けて、協議離婚、調停離婚、裁判離婚があります。さらに、離婚成立までのプロセスによって審判離婚、和解離婚、認諾離婚と細かく分かれています。日本で成立する離婚の約9割が協議離婚です。協議離婚は、話し合いで夫婦の双方が離婚に合意し、離婚届を提出して受理されれば、手続きが完了します。

裁判所が関与する離婚

夫婦のどちらかが離婚に合意しない場合や話し合いがまとまらない場合は、家庭裁判所に調停を申し立て、調停委員が間に入って話し合いが進められます。調停の結果、離婚に合意すれば離婚が成立。これが**調停離婚**です。

調停で離婚に合意しなくても、当事者の双方がほぼ離婚に合意しているとみられる場合、裁判所が離婚の審判を下すことがあります。この審判を夫婦が受け入れると、**審判離婚**となります。しかし、どちらか一方が異議申立てをすると審判が無効になるため、実際にはあまり行われていません。

調停離婚や審判離婚が成立しない場合は、裁判で決着をつけます。裁判官が離婚を認める判決を下せば、**裁判離婚**が成立します。

判決を待たず、裁判の途中で離婚することもできます。裁判官が和解を勧め、夫婦が離婚に合意する**和解離婚**、裁判を起こされた側が請求を全面的に受け入れる**認諾離婚**です。認諾離婚ができるのは、親権問題や財産分与、慰謝料の訴えがない場合に限られるため、成立するケースはまれです。

ポイント

- 協議離婚は、基本的には**双方の合意**が必要。
- 話し合いで離婚に合意できないときは**家庭裁判所に離婚を申し立て、調停が成立しない場合は裁判を申し立てる。**

どうやって離婚する？　離婚の種類と流れ

協議離婚　約９割の夫婦がコレ！
夫婦の話し合いのみで、離婚および離婚に伴うお金や子どもの問題を解決（➡P.110）

調停離婚
裁判所で第三者を入れて、夫婦双方の離婚合意を目指す（➡P.116）

審判離婚
調停は不成立だが、双方がほぼ離婚に合意している場合、裁判官が離婚を命じる

和解離婚
離婚訴訟の途中で、当事者同士の話し合いによって離婚が成立

認諾離婚
離婚訴訟の途中で、訴訟を起こされた側が相手の言い分を全面的に受け入れ離婚成立

裁判離婚
両者の言い分や証拠を踏まえて裁判官が最終決定を下す（➡P.120）

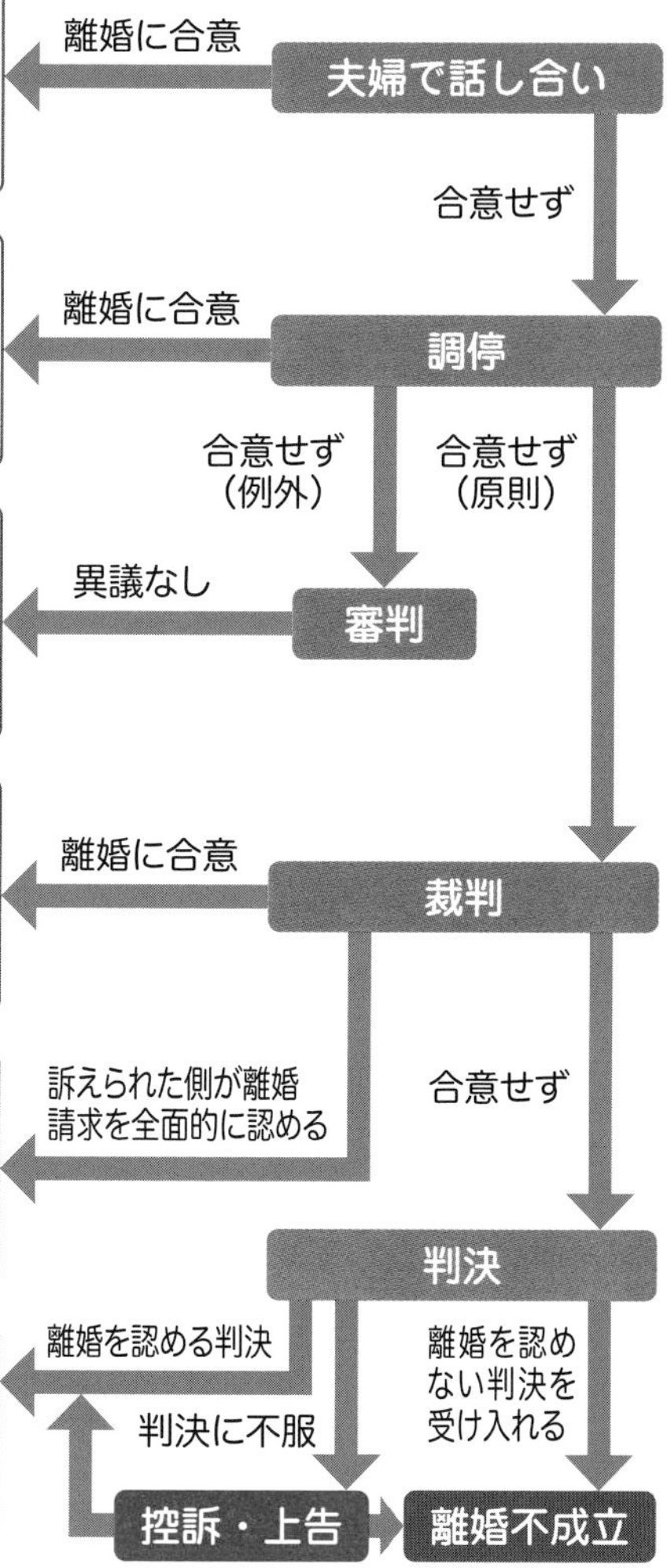

押さえておこう！
協議離婚の場合は、離婚届をいつ提出してもよいのですが、合意できずに裁判所で離婚が行われた場合は、調停や裁判で離婚が確定した日から10日以内に離婚届を提出しなければなりません。

離婚手続き 03

夫婦間の話し合いのみで解決 日本で最も多い「協議離婚」

協議離婚の流れ

夫婦が話し合いを重ね、離婚届を提出することで成立する協議離婚は、離婚の最もシンプルなかたち。はじめにやらなければならないのは、**相手に離婚の意思を切り出す**ことです。その後、離婚するかしないかを話し合い、離婚することに合意したら、お金や子どもについての条件面を決めていきます。話し合いが終わったら、離婚届に必要事項を記入して、市区町村役場に提出します。**離婚届が受理されたら離婚が成立**。その日が、離婚日となります。書類に不備があり再提出とならないよう、念入りに確認をしてから提出しましょう。

協議離婚のメリット・デメリット

協議離婚は、離婚の理由を問われることがないので、理由が何であれ夫婦が合意すれば離婚できます。話し合いがスムーズに進めば、手間や費用は比較的少なく、長い時間を要することもありません。

しかし、離婚に合意できなければ、いつまでたっても離婚できません。また、離婚に合意しても条件面が折り合わずになかなか離婚できないケースもあります。このようなときは、早めに弁護士などの専門家に相談するか、調停に進むことを検討しましょう。

また、離婚を急ぐあまり十分な話し合いをせずに離婚してしまうことも起こりがちです。離婚前に決めるべきことを決めておかないと、あとでトラブルになる場合があるので、協議離婚をするならば、しっかり話し合いをしておきましょう。

ポイント

- 離婚届は記入漏れや不備によって不受理とならないよう、しっかり**見直してから届け出る**。
- のちのちトラブルにならないように、話し合いの前に**必要な項目を書き出しておく**。

話し合いですべてが決まる！　協議離婚の流れ

夫婦で話し合い

- 離婚するかしないか
- お金や子どもの条件面

▼

離婚に合意

- 話し合いの内容を公正証書などの書面に残す

▼

離婚届の作成

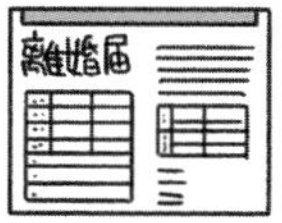

- 夫婦と成人の証人２名の署名
- 未成年の子がいる場合は、親権者を記入

▼

離婚届の提出

- 市区町村役場の戸籍係に提出
- 夫婦のどちらか、または第三者が提出。郵送も可

▼

協議離婚成立

モメない！コツ

協議離婚は、相手が勝手に離婚届を提出しても離婚が成立してしまいます。しかし、離婚届が出される前に市区町村役場に「離婚届不受理申出書」を提出しておけば阻止できます。また、相手が勝手に離婚届を出してしまった場合は、家庭裁判所に「協議離婚無効確認」の調停を申し立てることができます。

事前に準備して漏れなくスムーズに
協議離婚の話し合い

分けるお金と親権者を決める

話し合いで決めなければならないのは、大きくは以下の2点です。

❶離婚届に記入が必要な事項
❷離婚後にトラブルになりそうなこと

お金については、婚姻費用、慰謝料、財産分与について話し合います。必ず決めるべきことではありませんが、あいまいにしておくと、のちにトラブルになるおそれがあるので、お互いが納得できるまできちんと話し合いましょう。

未成年の子どもがいる場合は、**親権者を決めなければ離婚はできません**。離婚届に親権者を記入しないと受理されないからです。子ども一人ひとりの親権者を決めたら、次に養育費と面会交流について話し合います。

取り決めは公正証書にまとめる

話し合いで決めたことは、**離婚協議書**（⬇P.114）にまとめます。口約束はトラブルのもと。必ず文書に残しましょう。離婚協議書は、書式、用紙のサイズに決まりはなく、内容も自由ですが、主に親権、養育費、面会交流、財産分与、慰謝料について取り決めたことを記載します。同じものを2通作成し（コピー可）、2人が署名押印のうえ、各自が保管します。

さらに、取り決めたお金が支払われない場合に備えて、**強制執行認諾約款付公正証書**（⬇P.56）も作成しておきましょう。公正証書は、協議で決めた内容をもとに、公証役場で作成してもらいます。

ポイント

- お金の問題はあいまいにせず、金額や支払い方法などを含め**具体的に決める**。
- 親権者を決める際は、**子どもの気持ちや将来のことを第一に考えて決める**。
- 取り決めた内容は、公証役場で**公正証書にする**。

用語解説 **署名押印** 署名は、本人が自筆で氏名を手書きすること。署名することで契約が有効になり、印鑑を押印することで、さらに証拠能力が高くなる。

話し合いで決めることリスト

□：該当箇所にチェックを入れる

	項目	自分の考え	話し合いで決まった内容
お金のこと	婚姻費用 （➡ P.36）	□夫 □妻 が □夫 □妻 に 毎月 万円払う	□夫 □妻 が □夫 □妻 に 毎月 万円払う
	慰謝料 （➡ P.50）	□夫 □妻 が □夫 □妻 に 万円払う	□夫 □妻 が □夫 □妻 に 万円払う
	財産分与 （➡ P.40） ※ P.43 の「共有財産リスト」を作成してから分け方を決める	【分け方（金額・割合など）】 預貯金： 有価証券： 不動産： 年金： その他：	【分け方（金額・割合など）】 預貯金： 有価証券： 不動産： 年金： その他：
子どものこと	親権 （➡ P.68）	□夫 □妻	□夫 □妻
	養育費 （➡ P.78）	期間：□成人まで □大学卒業まで □その他（ ） 金額：毎月 万円 支払：毎月 日に □夫 □妻 が払う	期間：□成人まで □大学卒業まで □その他（ ） 金額：毎月 万円 支払：毎月 日に □夫 □妻 が払う
	面会交流 （➡ P.76）	面会日：□毎週 曜日 □毎月（ ） 宿泊：□可 □不可 電話：□可 □不可 メール：□可 □不可	面会日：□毎週 曜日 □毎月（ ） 宿泊：□可 □不可 電話：□可 □不可 メール：□可 □不可
	その他		

モメない！コツ

公正証書は、夫婦（委任状のある代理人も可）で公証役場に行き、公証人に作成してもらいます。公証役場の場所や必要なものについては、日本公証人連合会のホームページ（http://www.koshonin.gr.jp/）で確認できます。

例 真紀  と武史  が協議離婚をすることになり、その話し合いで取り決めた約束を書面にする場合

離婚協議書

夫と妻の名を明記

はじめに離婚に合意したことを明記

山田武史（以下甲という）と山田真紀（以下乙という）は、協議離婚につき、以下について合意する。

離婚届を提出することを明記

西暦でもよい

第1条（離婚届）
乙は、各自署名捺印した離婚届を、令和○年2月20日限り、さいたま市役所に提出する。

子どもが複数の場合は、同列に書く

第2条（親権者）
甲乙間の未成年の子山田翔太（平成○年5月5日生、以下丙という）の親権者を母である乙と定め、今後同人において監護養育する。

第3条（養育費）
1．甲は乙に対し、丙の養育費として、令和○年3月から丙が成年に達する令和○年5月まで、毎月末日限り、金6万円を、乙名義の以下の口座に振り込む方法により支払う。振込手数料は、甲が負担する。

〈振込口座〉
みのり銀行　大宮中央支店　普通 ○○○○○○
名義　ヤマダ マキ

2．丙が進学や病気などによって特別な費用を要する場合は、甲と乙が協議のうえ必要費用を支払う。
3．上記養育費は、物価の変動その他の事情の変更に応じて甲と乙が協議のうえ増減できるものとする。

養育費、慰謝料などの金銭に関する項目は、支払う人、受け取る人、金額、期日、支払先、支払方法、手続き費用の負担について明記する

慰謝料がある場合は、左ページにある美咲の例を参照

第4条（慰謝料）
甲及び乙は、慰謝料の支払義務がないことを相互に確認する。

一般的には、共有財産から算出した金額（➡ P.43）をもとに、きりの良い金額にする

第5条（財産分与）
甲は乙に対し、財産分与として金5,000,000円の支払義務があることを認める。支払いは一括で行い、令和○年4月30日限り、乙の指定する口座に振り込む方法により支払う。振込手数料は、甲が負担する。

他に決めたことがあれば記載する

第6条（面会交流）
1．甲は、毎月1回丙と面会交流することができる。
2．面会の日時、場所、方法については、丙の福祉を最優先とし、事前に甲と乙が協議して決定する。

公正証書を作成することを明記する

第7条（公正証書作成）

甲と乙は、令和○年2月10日までに、本協議書を内容とする強制執行認諾約款付公正証書を作成することに合意し、相互に公正証書作成手続きに協力する。

上記のとおり合意したことを証するため、本書を2通作成し、甲乙各自署名押印のうえ、1通ずつ所有する。

令和○年1月23日

（甲）

住所　埼玉県さいたま市大宮区天沼町○丁目○番○号

氏名　**山田 武史**　（山田）

（乙）

住所　埼玉県さいたま市大宮区天沼町○丁目○番○号

氏名　**山田 真紀**　（山田）

相手と同じ印鑑は避ける

妻は、離婚前（婚姻中）の姓で署名する

例 美咲  **と健太**  **が協議離婚した場合の慰謝料の書き方例**

第4条（慰謝料）

1．甲は乙に対し、慰謝料として金80万円の支払い義務があることを認め、これを令和○年8月から令和○年○月まで毎月末日限り、金5万円ずつ分割して乙の指定する口座に振り込む方法により支払う。振込手数料は、甲が負担する。

2．甲に下記の事由が生じた場合は、甲は当然に期限の利益を失い、乙に対してただちに残金を支払う。

（1）分割金の支払いを1回でも怠った場合

（2）ほかの債務についての強制執行、競売、執行保全処分、あるいは税金の滞納処分を受けた場合

話し合いがまとまらないときは 第三者が立ち会う「調停離婚」

調停離婚の流れ

話し合いがまとまらず離婚できない場合は、**家庭裁判所に調停**を申し立てます。申立てができるのは**夫か妻のみ**です。調停では、**裁判官**と一般市民から選ばれた2名の**調停委員**が間に入り、夫婦が合意することを目指して話し合いを進めます。ただし、調停で**最終判断を下すのはあくまでも当人たち**です。

1回の調停にかかる時間は2～3時間程度。月1回ペースで何回か行われ、調停が成立するまでは3か月～1年ほどかかります。調停には本人または代理人の出席が必要ですが、夫婦のうちどちらかが調停室で話をしているときは、もう一方は待合室で待機する方法で行うことが多いため、相手と顔を合わせることなく、自分の意見を言うことができます。

調停の結果、離婚に合意したら調停調書が作成され、離婚が確定します。**離婚日は調停成立日**です。

調停離婚のメリット・デメリット

調停離婚のメリットは、自分で手続きを行うのであれば手続きに必要な金額は2000円程度のため、費用があまりかからないということです（➡P.15）。さらに、取り決めたお金が支払われなかった場合に相手に催促する手段が豊富です。

デメリットとしては、相手が調停に応じないと話し合いができない、調停が行われるのが平日のため仕事を休まなければならない、成立までに時間がかかる場合がある点が挙げられます。

ポイント

- 調停は**月1回程度のペースで平日の昼間**に行われ、**本人か代理人**が出席する。
- 調停を申し立てられた側は、**取り下げる権利はない。**

用語解説
・**正本**　原本（オリジナルの文書）の内容をすべて写した文書で、これがあれば強制執行ができる。
・**謄本**　原本の内容をすべて写した文書だが、これでは強制執行ができない。

第三者の力を借りて合意を目指す！ 調停離婚の流れ

調停を申し立てる
- 夫か妻が原則として相手の住所がある家庭裁判所に必要な書類を提出する

必要な書類
- 「夫婦関係調停申立書」（➡P.118）とその写し１通
- 夫婦の戸籍謄本
- 年金分割のための情報通知書

▼ １～２週間後

裁判所から夫婦に呼出状が届く

▼ 申立てから１か月～１か月半後

１回目の調停
- 夫婦同席で調停手続きの説明を受ける（別々も可）
- 夫婦が交互に調停委員に話をする

▼ １か月後

２回目以降の調停
- 月１回程度、平日の昼間に行われる
- １回につき２～３時間程度

▼ ３か月～１年後

調停成立
- 成立した調停の内容を口頭で確認
- 調停調書の正本を双方に送ってもらうよう申請する（強制執行をするには正本が必要）

▼ 10日以内

離婚届の提出
- 調停調書の謄本が必要

調停不成立 → 審判離婚／裁判へ／離婚しない／再度話し合う／再度調停を申し立てる

取り下げ → 裁判へ／離婚しない／再度話し合う／再度調停を申し立てる

損しない！コツ

調停調書は、調停最終日に裁判官が口頭で確認した内容を裁判所が正式な書面にしたものです。裁判官が口頭で確認する時点で誤りがあれば修正できますが、調停調書の内容は明白な誤りでない限りは変更できません。離婚調停後の修正は認められないので、裁判官が口頭で述べる内容をよく確認しましょう。

離婚調停をする際にまず提出する「夫婦関係調停申立書」の記入例

例 美咲が健太と離婚するために調停を申し立てる場合

申立書の写しは相手方に送付される

この申立書の写しは，法律の定めるところにより，申立ての内容を知らせるため，相手方に送付されます。

受付印	**夫婦関係等調整調停申立書　事件名（　離婚　）**
	（この欄に申立て１件あたり収入印紙１，２００円分を貼ってください。）

相手方の住所がある家庭裁判所に申し立てるのが原則

（貼った印紙に押印しないでください。）

収入印紙	円
予納郵便切手	円

横浜　家庭裁判所　御中 令和　○　年　10月　5　日	申立人 (又は法定代理人など) の記名押印	佐藤　美咲　（佐藤）

添付書類	（審理のために必要な場合は、追加書類の提出をお願いすることがあります。） ☑戸籍謄本（全部事項証明書）（内縁関係に関する申立ての場合は不要） ☑（年金分割の申立てが含まれている場合）年金分割のための情報通知書 □

準口頭

連絡先は正確に記載する

申立人	本籍（国籍）	(内縁関係に関する申立ての場合は、記入する必要はありません。) 神奈川　都道府(県)　横浜市港北区大倉山○丁目○番地	
	住所	〒　222　－　0037　神奈川県横浜市港北区大倉山○丁目○番○号 シュガーハウス 303 号室（　　方）	
	フリガナ 氏名	佐藤《サトウ》　美咲《ミサキ》	大正 昭和 (平成)　○　年　7　月25日生 （　28　歳）
相手方	本籍（国籍）	(内縁関係に関する申立ての場合は、記入する必要はありません。) 神奈川　都道府(県)　横浜市港北区大倉山○丁目○番○号	
	住所	〒　222　－　0037　神奈川県横浜市港北区大倉山○丁目○番○号 シュガーハウス 303 号室（　　方）	
	フリガナ 氏名	佐藤《サトウ》　健太《ケンタ》	大正 昭和 (平成)　○　年　10月　8　日生 （　27　歳）
未成年の子	住所	□ 申立人と同居　／　□ 相手方と同居 □ その他（　　）	平成 令和　年　月　日生 （　歳）
	フリガナ 氏名		
	住所	□ 申立人と同居　／　□ 相手方と同居 □ その他（　　）	平成 令和　年　月　日生 （　歳）
	フリガナ 氏名		
	住所	□ 申立人と同居　／　□ 相手方と同居 □ その他（　　）	平成 令和　年　月　日生 （　歳）
	フリガナ 氏名		

（注）太枠の中だけ記入してください。　□の部分は、該当するものにチェックしてください。

夫婦に未成年の子がいる場合は、その調停内容も記載する

用紙は、家庭裁判所で入手するか、裁判所のホームページからダウンロードする。「裁判所」http://www.courts.go.jp/ →「裁判手続案内」→「家事調停の申立書」→「夫婦関係調整調停（離婚）」→「夫婦関係調停申立書」

離婚を希望する場合は1を囲む

情報通知書に記載の住所を知られたくないときは、その部分を隠してコピーする

この申立書の写しは，法律の定めるところにより，申立ての内容を知らせるため，相手方に送付されます。

※　申立ての趣旨は、当てはまる番号（1. 又は 2.　付随申立てについては (1)〜(7)）を○で囲んでください。
　□の部分は、該当するものにチェックしてください。
☆　付随申立ての (6) を選択したときは、年金分割のための情報通知書の写しをとり、別紙として添付してください（その写しも相手方に送付されます）。

申　立　て　の　趣　旨

円　満　調　整	関　係　解　消
※	※
1　申立人と相手方間の婚姻関係を円満に調整する。	(1)　申立人と相手方は離婚する。
	2　申立人と相手方は内縁関係を解消する。
2　申立人と相手方間の内縁関係を円満に調整する。	（付随申立て）
	(1)　未成年の子の親権者を次のように定める。 ------------ については父。 ------------ については母。
	(2)　（□申立人／□相手方）と未成年の子が面会交流する時期、方法などにつき定める。
	(3)　（□申立人／□相手方）は、未成年の子の養育費として、1人当たり毎月（□金　　　　円／□相当額）を支払う。
	(4)　相手方は、申立人に財産分与として、（☑金 2,800,000 円／□相当額）を支払う。
	(5)　相手方は、申立人に慰謝料として、（☑金　800,000円／□相当額）を支払う。
	(6)　申立人と相手方との間の別紙年金分割のための情報通知書（☆）記載の情報に係る年金分割についての請求すべき按分割合を、（☑0．5／□(　　　　　)）と定める。
	(7)

調停で話し合いたい項目をマルで囲み、必要事項にチェック・記載する

養育費、慰謝料、財産分与の金額がはっきりしない場合は相当額をチェックする

分与割合を条件にするときは 0.5 にチェックする

夫婦に未成年の子がいる場合は、その調停内容も記載する

申　立　て　の　理　由

同　居・別　居　の　時　期

同居を始めた日…昭和／(平成)／令和　○　年　○　月　○　日　　別居をした日…昭和／(平成)／令和　○　年　○　月　○　日

申　立　て　の　動　機

動機は複数でもよい

※当てはまる番号を○で囲み、そのうち最も重要と思うものに◎を付けてください。

1　性格があわない	(2)　異性関係（◎）	3　暴力をふるう	4　酒を飲みすぎる
5　性的不調和	6　浪費する	7　病　　気	
8　精神的に虐待する	9　家族をすててかえりみない	10　家族と折合いが悪い	
11　同居に応じない	12　生活費を渡さない	13　そ　の　他	

別居と同居を繰り返しているときは最後の別居開始日

離婚手続き
06

離婚手続きの最終手段
必ず決着がつく「裁判離婚」

裁判離婚には離婚理由が必要

調停が成立しなかった場合は、家庭裁判所に訴状を提出して裁判を起こします。ただし、裁判で離婚を争う場合は、民法が定める次の5つの離婚条件のいずれかに該当していなければ離婚が認められません。

❶配偶者に、浮気や不倫などの**不貞行為**があったとき

❷生活費を渡さないなど、配偶者から**悪意で遺棄**されたとき

❸配偶者の**生死が3年以上明らかでない**とき

❹配偶者が**強度の精神病**にかかり、回復の見込みがないとき

❺その他**婚姻を継続しがたい重大な事由**があるとき

❶〜❹は、民法に定める「夫婦の義務」が履行できていないケースです。夫婦には、配偶者以外とは性交渉をしてはならない**貞操義務**、お互い助け合って生活しなければならない**協力・扶助義務**、一緒に暮らさなければならない**同居義務**があります。❺は、**夫婦関係が破たん**しているケースで、性格や性の不一致、DV、モラハラ、相手の浪費癖や多額の借金、相手親族との不和など、個々の具体的な事情を総合して裁判官が判断します。

離婚理由を証明する

裁判では、相手のどのような点が離婚理由に当てはまるのかを証明する必要があるため、可能な限り**証拠を集めて**おきましょう。

口頭弁論では、証拠の提出が終わると本人尋問が行われ、最後に判決が下されます。尋問が終わった段階で、相手の証言への反論を記した最終準備書面がやり取りされることもあります。

ポイント

裁判は原則として公開されるため、**プライバシーが公になること**を覚悟する必要がある。

法律ではこう規定！　裁判離婚が成立する5つの条件

1. 配偶者に不貞な行為があったとき

配偶者以外の人と性的関係を持つ

○ 性交渉を伴う不倫

× 性的暴行を受けた

証拠の例

・ホテルへの出入り写真・動画のような性的関係があったことを推測できるもの

2. 配偶者から悪意で遺棄されたとき

配偶者と同居しなかったり、協力しなかったりする

○ 生活費を渡さない、家出を繰り返す

× 相手の暴力を避けるために家を出る

証拠の例

・別居したことがわかる住民票
・源泉徴収票
・預貯金通帳

3. 配偶者の生死が３年以上明らかでないとき

3年以上配偶者からの連絡がなく、
生死がわからない

○ 家出や自然災害などにより行方不明

× 連絡はつかないが、生きていることが明らか

証拠の例

・最後に連絡をとったときの手紙やメール
・捜索願受理証明書（警察署が発行）

4. 配偶者が強度の精神病にかかり、回復の見込みがないとき

配偶者が重い精神病にかかり、
結婚生活を続けられない

○ 統合失調症、認知症

× アルコール中毒、薬物中毒

証拠の例

・医師の診断書

5. その他婚姻を継続しがたい重大な事由があるとき

1～4には当てはまらないが、
夫婦関係が破たんしている

例：性格の不一致、DV、モラハラ、浪費、宗教、性の不一致、相手親族との不仲

証拠の例

・夫婦関係が破たんしていることがわかる動画や録音データ
・DVの場合は、怪我をした箇所を写した写真や診断書

押さえておこう！

配偶者が強度の精神病にかかり、離婚によって生活できなくなることが考えられる場合は、離婚理由を認定しても離婚が認められないことがあります。その場合は、看病や生活の見通しを立てたうえで離婚を申し立てる必要があります。

裁判所への申立てから離婚成立まで
離婚裁判の流れと進め方

裁判離婚の流れ

裁判離婚では、「離婚するかしないか」だけでなく、子どもの親権や養育費、財産分与、慰謝料についても申し立てることができます。

訴状を提出すると、原告（裁判を起こした人）と被告（裁判を起こされた人）に第1回目の口頭弁論（裁判）の期日が記された**呼出状**が届きます。被告は、訴状に記載された内容の認否と、認めない場合の理由を書いた**答弁書を家庭裁判所と原告に提出**します。

第1回目の口頭弁論は、訴状提出から1か月～2か月後に開かれます。ここでは、主に原告の訴状と被告の答弁書の内容を確認し、争点を明確にします。第2回目以降の口頭弁論では、あらかじめ準備した書面をもとに、それぞれが主張と反論を繰り返したり、提出された証拠を調べたりします。離婚を認める判決が出ると離婚が成立。ただし、**判決が出るまでには1年～2年以上**かかります。

なお、裁判の途中で離婚に合意した場合は和解離婚となり、裁判所により和解調書が作られます。

裁判離婚のメリット・デメリット

裁判離婚のメリットは、必ず決着がつくことです。離婚を認める判決が言い渡されれば、相手が何を主張しても強制的に離婚できます。デメリットは、時間と費用（⬇P.15）がかかることです。裁判の手続きは弁護士に依頼して進めるのが一般的で、弁護士費用を用意しておく必要があります。

ポイント

- 調停を経ないと裁判を起こすことはできず、**調停期間も含めると、2～3年かかる**場合がある。
- 裁判は、基本的には書面のやりとりで進むが、**本人尋問には出廷する必要がある。**
- 本人尋問に向け、**弁護士と相談して念入りな準備**を行う。

用語解説　本人尋問　弁護士や裁判官が原告や被告本人に直接質問をして答えさせること。

判決次第で強制的に離婚！　裁判離婚の流れ

原告が訴状を提出して裁判を起こす（➡ P.132）
- 原則として、夫または妻の住所がある家庭裁判所に提出
- 必要書類は訴状２部、夫婦の戸籍謄本とコピー、「年金分割のための情報通知書」とコピー、証拠書類（源泉徴収票など）のコピー２部

↓

裁判所から呼出状が届く
- 被告には訴状のコピーも届く

↓

被告が答弁書を送る

（第１回目の口頭弁論の１週間前まで）

（1か月〜2か月）

↓

第１回目の口頭弁論
- 訴状と答弁書の内容を双方が確認して、争点を明らかにする
- 次回の裁判日時の告知

※裁判は公開が原則

↓

第２回目以降の口頭弁論
- 争点について、書面上で主張と反論を繰り返す
- 争点に関する証拠を調べる

※月１回程度のペースで開催

弁護士に依頼すれば、本人尋問以外は出廷不要

↓

判決（出廷不要）
- 判決言い渡し後、判決書が双方に郵送される

→ **地方裁判所や高等裁判所に控訴** → **裁判続行**
→ **離婚しない**
→ **離婚届の提出**

和解
- 合意したら、裁判所が和解調書を作成する

→（10日以内）→ **離婚届の提出**

離婚届の提出
- 判決書の謄本と確定証明書、または和解調書の謄本が必要

押さえておこう！

弁護士費用を用立てることができない場合は、「法テラス（日本司法支援センター）」（➡ P.183）による「弁護士費用立替払い制度」もあるので、利用条件などを確認してみましょう。

裁判離婚でよくある理由① 「不貞行為」による離婚

不貞行為とは

不貞行為と認定されるのは、**配偶者以外の人と性的関係を持った場合**です。愛情の有無や性行為の回数は関係なく、一度でも意図的に性的関係を持てば不貞行為とみなされます。

一方、異性と食事だけのデートをすることや、夫婦関係が破たんしたあとに性的関係を持つことは、不貞行為にはなりません。また、異性とのキスも法律上は浮気にはなりませんが、「婚姻を継続しがたい重大な事由」として離婚原因が認められることもあります。

決定的な証拠を押さえると有利

配偶者の不貞行為が原因で離婚を考えたときは、相手が第三者と性的関係があったことが明確な証拠を集めておくことが非常に大切です。有効なのは、ラブホテルや相手の自宅へ出入りしている写真・動画です。**写真や動画は顔がはっきりわかるよう撮影**し、日付も入るようにしておきましょう。このほか、**性的関係をうかがわせるメール**などの状況証拠も有効です。自分で証拠を集めるのが難しいときは、調査会社に依頼しましょう。

有責配偶者による離婚請求

不貞行為をした人が離婚を求めて調停を起こすことはできますが、相手が調停に応じない場合は調停が不成立となります。また、離婚原因をつくった側が**裁判を起こしても、原則として離婚は認められません**。ただし、別居期間が長い場合や幼い子どもがいない場合などは、認められるケースもあります。いずれにしても、婚姻費用や慰謝料を支払うなど、相手に誠実な対応をすることが大切です。

ポイント
裁判を有利に運ぶため、**性的関係を確認できる証拠**を集めておく。

用語解説 **夫婦関係の破たん** 長期間別居しているなどにより、夫婦関係が修復できない状態。それ自体が離婚原因とみなされる。

「不貞行為」ってどんな行為？

不貞行為と認められる

- 特定または不特定の異性と継続的に性的関係を持つ
- 初対面の人と一度だけ性的関係を持った
- 買春行為
- 愛情はないが、セックスフレンドとして付き合っている

不貞行為と認められない

- 性的暴力を受けた
- 食事だけのデートやキス
- 同性との性的関係
- 夫婦関係が破たんしてからの性的関係
- 配偶者以外の人に愛情を持っているが性的関係はない

裁判を有利にする不貞行為の有力な証拠

- ラブホテルや相手の自宅へ出入りしている写真・動画
- 性行為やそれに近いことをしている写真・動画
- 性的関係があることが推測できるメール・手紙・メモ・日記
- 性的関係があることを認める言葉が入った録音データ
- 電話、ETC、GPS などの履歴
- ラブホテルの領収書

調査会社の写真・動画が有効であることは間違いありませんが、決定的な証拠が取れるまでの費用が著しく高額になることもあります。すでに手元にあるメールなどの手がかりだけでも証拠にならないか、離婚に詳しい弁護士に相談だけでもしてみるとよいでしょう。

離婚手続き 09

裁判離婚でよくある理由②

「配偶者暴力」による離婚

証拠を集め、警察などに相談する

DV（ドメスティック・バイオレンス）とは、家族など親密な関係の相手から受ける暴力のことをいいます。身体的な暴力だけでなく、無視をするなどの精神的暴力や、お金を渡さないなどの経済的暴力なども含まれます。

配偶者からの暴力で離婚を考えはじめたら、証拠を集めましょう。身体的暴力なら、被害の様子がわかる写真や動画、医師の診断書のような、暴力を受けたことを**客観的に証明するもの**を揃えます。

証拠集めと同時に、**警察**、**配偶者暴力相談支援センター**、**女性センター**（➡P．184）などに相談しておきましょう。相談した記録は、後日、個人情報開示手続きをして取り寄せることができます。

身の安全を確保する

配偶者から暴力を受けている場合は、身の安全を確保することも大切です。そのためには、**別居**も有効手段のひとつです。緊急性の高い場合は、配偶者暴力相談支援センターの一時保護や、DVシェルターを利用することもできます。さらに、加害者に避難先を知られないよう自治体に住民基本台帳の閲覧制限を求めるとよいでしょう。

配偶者から生命・身体に重大な危害を受けるおそれが大きいときは、地方裁判所に**保護命令を申し立て**ましょう。保護命令が認められると、加害者が被害者に付きまとうことや、居住先・勤務先付近を徘徊することが6か月間禁止されるなどの措置がとられます。

ポイント

- 住民基本台帳の閲覧制限をするには、DV被害を証明する**警察や配偶者暴力相談支援センターなどの意見、もしくは保護命令決定書の写し**が必要。
- 保護命令は、**子どもや親族も保**護の対象になる。

DV（ドメスティック・バイオレンス）とは？

DVと認められる行為

身体的暴力

例
・殴る、蹴る
・刃物を突き付ける
・物を投げる
・髪を引っ張る
・首を絞める

精神的暴力

例
・暴言を吐く
・大声でどなる
・無視する
・人の前でバカにする

社会的暴力

例
・家族や友人と付き合うことを制限する
・メールや手紙を細かくチェックする

アイツ
誰とメール
してるんだ
・・・・

性的暴力

例
・性行為を強要する
・避妊に協力しない
・中絶を強要する

経済的暴力

例
・生活費を渡さない
・外で働くことを認めない
・仕事を辞めさせる

DVによる離婚を考えたときにすべきこと

1. 証拠を集める

暴力の内容や被害の様子がわかる写真・動画、医師の診断書など

2. 相談する

警察（警察相談専用電話＃9110など）、女性センター、配偶者暴力相談支援センターに相談し、相談の記録をもらう

3. 別居する

配偶者に知られにくい安全な別居先を確保する

※緊急時は、配偶者暴力相談支援センターの一時保護やNPO法人などの民間シェルターを利用することもできる

4. 保護命令を申し立てる

事前に警察などに相談してから、地方裁判所に申し立てる

森元先生からの
アドバイス

せっかくDVの証拠を確保しても、別居前に配偶者に見つかると間違いなく破棄され、さらにDVが悪化する危険もあります。信頼できる親族の手元や職場などに証拠やそのコピーを保管することも考えましょう。

裁判離婚でよくある理由③

「モラハラ」による離婚

モラハラを疑ったらすぐ相談を

モラハラ（モラル・ハラスメント）とは、言葉や態度による精神的暴力で相手を追い詰め、それによって相手が感じている恐怖感を利用して支配しようとするＤＶの一種です。

モラハラによる離婚を考えたときにやるべきことはＤＶの場合（⬇P.126）と変わりませんが、解決への第一歩は、**自分がモラハラの被害者であることに気づくこと**です。モラハラは目に見えない言葉による暴力なので、被害を受けているということを自覚しづらい傾向があります。また、自覚していても、自分にも落ち度があると考えて、がまんする人も少なくありません。加害者は家庭内でだけ精神的に相手をおとしめ、外では良い顔をするという特徴もあります。モラハラはどんどんエスカレートする傾向にあり、ふたりで解決するのは困難なため、少しでも「モラハラかな？」と思ったら、すぐに**女性センター**（⬇P.184）などに相談しましょう。

離婚手続きは弁護士を通して行う

離婚手続きは、本来は夫婦で話し合いをして行うべきですが、モラハラやＤＶが原因の場合は、当事者のふたりきりで話をするのは危険なため、離婚を切り出す段階から**弁護士に相談**し（⬇P.134）、間に入ってもらうとよいでしょう。話し合いがまとまらず調停や裁判になった場合も、弁護士と相談しながら手続きを行うのが得策です。調停や裁判でモラハラを主張するのは難しく、主張の仕方を間違えると単なる夫婦喧嘩とみなされ、離婚が認められない場合があるので、弁護士にアドバイスをもらいながら進めましょう。

ポイント

- 日記や録音などで**モラハラの証拠を残しておく**。
- 話し合いは、**第三者を入れて行う**。

モラハラはどのように立証するの？

モラハラとみなされる行為

- 相手を見下すような暴言を吐く
- 常に自分が正しいと考え、自分の意見を押し通そうとする
- 明らかに自分に非があることでも相手のせいにする
- 相手を意図的に無視する

ホントに
ダメだなっ
なにやってんだ

調停や裁判で配偶者のモラハラを認めてもらうには？

1. 証拠を集める

- 加害者の言葉が聞き取れる音声データ・動画
- 相手が送ってきたメール・手紙
- 女性センターなどに相談した記録
- メンタルが不調になった場合は医師の診断書
- 相手の言葉をつづった手紙・メモ・日記（日付、状況、言葉を具体的に）

2. 言動を具体的に説明する

- どのような場合にどのような言葉を言うか
- 極度に自己主張が強いというモラハラ特有の言動がある点

森元先生からのアドバイス

モラハラを理由とした慰謝料の請求が認められるケースは多くはありませんが、証拠によって相手に非があることが明らかになれば認められる場合があります。弁護士や裁判所が入ってからの相手の言動が証拠になる場合もあります。こちらは相手の挑発に乗って感情的な対応をしないよう気を付けましょう。

裁判離婚でよくある理由④
「性格の不一致」による離婚

裁判で離婚するには

「性格の不一致」は最も多い離婚理由ですが、裁判では、「性格が合わない」というだけで離婚できることはほとんどありません。裁判で離婚を認めてもらうには、5つの離婚理由(➡P.120)のひとつである「**その他婚姻を継続しがたい重大な事由があるとき**」に当てはまることが必要。つまり、性格の不一致の程度と、その他の事情を考慮して、**夫婦関係が破たんしている**ことを証明しなければならないのです。

性格の不一致の程度が大きいことを証明する方法のひとつとして、別居している事実を示すことが挙げられます。長期間別居していてその間に関係修復の兆しがなければ、それだけで離婚理由として認定されるケースもあります。別居期間が長ければ長いほど離婚しやすくなりますが、結婚している期間が短ければ、1年程度の別居でも認められる場合があります。

不貞やDVに近い事情がある場合

別居はしておらず、同居をしている場合は、日々の生活の様子がわかる**証拠**を揃えましょう。さらに、結婚生活を続けていくことに支障のある理由があれば、それを併せて主張していきます。例えば、配偶者以外の人とキスをするなど不貞まではいかないが夫婦の信頼関係を損なうことがあった、子どものしつけが過剰で虐待に近い、ギャンブルや趣味への浪費がひどく家計が苦しい、家事・育児をまったくしないなどの事情が1つまたは複数あると、離婚が認められやすくなります。

ポイント

- 性格の不一致で離婚したいなら、**協議離婚**(➡P.110)が**ベスト**。
- 裁判離婚の場合は、**夫婦関係が破たんしていて修復が不可能**であることを主張する。

裁判で「夫婦関係の破たん」を認めてもらうには

長期間別居していることを示す

- 別居については、客観的に「別居するのはやむを得ない」と言える理由が必要
- 別居期間が長期化し、その間に関係修復の兆しがない　など

夫婦関係が破たんしている証拠を用意する

- 会話がなかった、寝食を別にしていたなど、事務的なやり取りを行っていたことを示すメールやメモ
- 喧嘩の様子を収めた録音データ・動画
- 日々の生活をつづった日記・メモ
- 夫婦の現状を知る第三者の証言　など

婚姻を継続しがたい重大な事由があることを主張する

- 過去の不貞によるしこりがなくならず、喧嘩の種になっている
- 配偶者以外の人に愛情を持っている、キスをした
- 同性との関係などがある
- DVまではいかないものの、カッとなって手が出たことがあった
- 子どもへのしつけが虐待に近い
- 頻繁な転職や浪費によって家計が苦しい
- 家事・育児をしない
- 家事、育児、子どもの教育方針に偏りがあって一緒に生活するのがつらい　など

森元先生からのアドバイス

性格の不一致による離婚を認めてもらうには、相手とどうしても一緒にやっていけない理由を説得的に主張することも大切ですが、感情的に相手を非難したり、相手の人格をけなしたりしては逆効果です。こちらの対応はあくまでも誠実に、バランスを守るようにしましょう。

例 離婚調停が成立しなかった美咲が離婚裁判を行う場合

原告が訴状を作成して、夫婦どちらかの住所がある家庭裁判所に提出する

印紙の額、郵便切手の額は、訴状を提出する家庭裁判所の窓口で確認

訴　　状

事件名　離　婚　請求事件

訴訟物の価額	円
貼用印紙額	円
予納郵便切手	円
貼用印紙　裏面貼付のとおり	

横浜 家庭裁判所 御中 令和 ○ 年 12 月 4 日	原告の記名押印	佐藤　美咲　(佐藤)

原告	本籍	神奈川 都道府(県)　横浜市港北区大倉山○丁目○番地
	住所	〒 222 －0037　電話番号 045(000)0000　ファクシミリ (　　) 神奈川県横浜市港北区大倉山○丁目○番○号 シュガーハウス 303 号室　(　　方)
	フリガナ 氏名	佐藤《サトウ》　美咲《ミサキ》
	送達場所等の届出	原告に対する書類の送達は，次の場所に宛てて行ってください。 ☑ 上記住所 ☐ 勤務先（勤務先の名称　　　　） 〒　－　　電話番号　(　　) 住所 ☐ その他の場所（原告又は送達受取人との関係　　　　） 〒　－　　電話番号　(　　) 住所 ☐ 原告に対する書類の送達は，上記の届出場所へ，次の人に宛てて行ってください。 氏名　　　(原告との関係　　　)
被告	本籍	原告と同じ
	住所	〒 227 － 0037　電話番号 045(000)0000　ファクシミリ (　　) 神奈川県横浜市港北区大倉山○丁目○番○号 シュガーハウス 303 号室　(　　方)
	フリガナ 氏名	佐藤《サトウ》　健太《ケンタ》
添付書類		☑ 戸籍謄本（甲第 1 号証）　☑ 年金分割のための情報通知書（甲第 2 号証） ☑ 甲第 3 号証 ～ 第 4 号証　☑ 証拠説明書　☑ 調停が終了したことの証明書 ☐ 証拠申出書　☐
夫婦関係の形成又は存否の確認を目的とする係属中の事件の表示		裁判所　／ 平成・令和　年（　　）第　号 事件名　　事件 ／ 原告　　被告

原告の代わりに書類を受け取る人を届けるときに記入する

(注) 太枠の中だけ記入してください。□の部分は，該当するものにチェックしてください。

訴状と一緒に提出する書類を記入。原告が提出する書類を「甲第○号証」と呼び、書類ごとに番号を振る

請求する項目にチェックする

請求及び申立ての趣旨

原告と被告とを離婚する。
（親権者の指定）
□ 原告と被告間 続柄 名 ＿＿＿＿＿（平成・令和　年　月　日生），＿＿＿＿（平成・令和　年　月　日生），
＿＿＿＿（平成・令和　年　月　日生）　の親権者を□原告　□被告と定める。
□

（慰謝料）
☑ 被告は，原告に対し，次の金員を支払え。
☑ 金 800,000 円
☑ 上記金員に対する離婚判決確定の日の翌日から支払済みまで年 5 分の割合による金員
（財産分与）
☑ 被告は，原告に対し，次の金員を支払え。
☑ 金 2,800,000 円
☑ 上記金員に対する離婚判決確定の日の翌日から支払済みまで年 5 分の割合による金員
□
□

（養育費）
□ 被告は，原告に対し，＿＿＿＿から 続柄 名 ＿＿＿＿，＿＿＿＿，＿＿＿＿
が＿＿＿＿まで，毎月＿＿日限り，子一人につき金＿＿＿＿円ずつ支払え。

（年金分割）
☑ 原告と被告との間の別紙 2（年金分割のための情報通知書）記載の情報に係る年金分割についての請求すべき按分割合を，☑0.5　□（　　　）と定める。
☑
訴訟費用は被告の負担とする。
との判決（☑及び慰謝料につき仮執行宣言）を求める。

上限は0.5

請求の原因等

婚姻の日付を明記

1 (1) 原告と被告は，□昭和　☑平成　□令和 ○ 年 8 月 8 日に婚姻の提出をしました。
(2) 原告と被告間の未成年の子は，☑いません。　□次のとおりです。

続柄	名	年齢	生年月日
		歳	（平成・令和　年　月　日生）
		歳	（平成・令和　年　月　日生）
		歳	（平成・令和　年　月　日生）

夫婦に未成年の子がいる場合は子の情報を明記

2〔調停前置〕
夫婦関係に関する調停を
☑しました。
事件番号 横浜 家庭裁判所 ○○○○ 平成・令和 ○ 年（家イ）第 ○○ 号
結　果 平成・令和 ○ 年 ○ 月 ○ 日 ☑不成立 □取下げ □（　　　）
理　由 □被告が離婚に応じない □その他（　　　）
☑条件が合わない（
□していません。
理　由 □被告が所在不明
□その他（

調停の内容を書く

該当する離婚の原因にチェックする。複数可

3〔離婚の原因〕
次の事由があるので，原告は，被告に対して，離婚を求めます。
☑ 被告の不貞行為　□ 被告の悪意の遺棄　□被告の生死が3年以上不明
□ 被告が強度の精神病で回復の見込みがない　□その他婚姻を継続し難い重大な事由
その具体的な内容は次のとおりです。

（注）太枠の中だけ記入してください。□の部分は，該当するものにチェックしてください。

用紙は、家庭裁判所で入手するか、裁判所のホームページからダウンロードする。
「裁判所」http://www.courts.go.jp/ →「裁判手続案内」→「人事訴訟で使う書式」→「離婚訴訟事件の訴状」→「離婚・訴状」

離婚裁判に適切な弁護士は？
裁判を弁護士に依頼する

弁護士の探し方

離婚裁判は自力で手続きを進めることもできますが、**弁護士を立てるのが一般的**です。最近は、話し合いや調停の場合でも弁護士に相談する人が増えています。

弁護士を探す方法はいくつかありますが、最も安心なのは、離婚経験のある信頼できる**知人から紹介してもらう方法**です。紹介の際は、その弁護士の仕事ぶりや良かった点を聞いておきましょう。

紹介してくれる知人がいない場合は、**弁護士会**（⬇P．186）に相談するのもひとつの方法です。弁護士会のなかには、弁護士を紹介してくれるところもあります。法テラス（⬇P．183）や市区町村役場では、無料で法律相談をすることができますが、弁護士の紹介は行っていないので注意しましょう。近ごろはホームページで探す人も増えていますが、広告的要素が強いものもあるため、書かれている内容をそのまま鵜呑みにせず、口コミサイトなどで実績や評価を調べるようにしましょう。

弁護士選びのポイント

弁護士を選ぶうえでいちばん重要なのは、**離婚を専門にしている**ということです。弁護士には専門分野があるので、離婚分野の経験と実績が豊富な人を選ぶようにしましょう。ただし、裁判になれば長期にわたって弁護士との関係が続くことになるので、弁護士との**相性**も大変重要です。経験や実績があっても相性が悪ければ、信頼関係を築くのが難しくなります。複数の弁護士に相談してみて、最も相性が良く、信頼できると感じた人に依頼しましょう。

ポイント

- 弁護士は**離婚経験のある知人に紹介してもらう**のが望ましい。
- **離婚を専門としている弁護士に**依頼することが最も重要。

用語解説　弁護士会　弁護士の連絡、指導、監督を行う団体。すべての都道府県に設置されている。すべての弁護士は、法律事務所のある地域の弁護士会に所属しなければならない。

裁判のゆくえを左右する！　良い弁護士の探し方

離婚相談に適した弁護士とは

離婚を専門にしている

離婚についての経験と実績が豊富なほうが、有利に進められる。

きちんと話を聴いてくれる

話しやすく、質問に対して的確に答えてくれる。

対応が速い

連絡が取りやすく、返事も速い。まめに報告してくれる。

相性がいい

話をしたり、仕事ぶりを見たりして、信頼できると感じられる。

丁寧に説明してくれる

専門的なことや費用などについて、わかりやすくきちんと話してくれる。不利な点も説明してくれる。

できれば同性がよい

同性のほうが話しやすい場合は、同性を担当にしてくれる弁護士事務所もある。

弁護士に相談したいと思ったら

法テラスの無料相談を利用する

- 同じ問題につき３回まで相談できる
- 収入と財産が一定額以下でなければならないなど、利用条件がある

市区町村役場の無料法律相談を利用する

- 市区町村によって異なるが、同じ問題につき１回しか相談できない
- 相談を受ける弁護士が離婚専門ではない場合がある

弁護士会の法律相談を利用する

- 有料（30分5,000円～が一般的）
- 弁護士を紹介してもらえるところもある

ホームページで見つけた弁護士に相談する

- 確実に離婚を専門とする弁護士に相談できる
- 初回相談は無料の場合もある

押さえておこう！

無料相談の場合、１回の弁護士相談は30分のケースが多くなっています。短い時間で効率的に進められるよう、事前に相談内容や関係書類・資料を整理したうえで、相談するようにしましょう。

事前に準備しておくべき金額は？
裁判費用の目安

高額なのは弁護士費用と調査費用

裁判にはお金がかかるイメージがあるかもしれませんが、裁判の手続き自体にかかる費用（訴訟費用）は、**離婚請求のみなら２万円程度**です。裁判費用のなかで高額なのは、**弁護士費用**と**証拠集めの費用**です。どちらも金額に決まりはなく、依頼先や裁判の状況によって金額は変わってきます。

弁護士費用は、着手金が20万円～40万円程度、報酬金が20万円～50万円程度です。このほか、相談料や交通費などの実費もかかります。費用は弁護士事務所ごとに異なるので、はじめに詳しい説明を受けてから依頼しましょう。

証拠を集める際に**費用がかさむのは、不貞で離婚する場合**です。不貞行為の証拠を手に入れるために調査会社に依頼することになると結構なお金がかかるため、事前に相場を調べておきましょう。調査会社の費用は、調査員の時給と成功報酬を支払うのが一般的です。適正かつ明確に料金を提示できるところであれば信頼できるでしょう。

不貞以外の理由で離婚する場合は、自分で証拠を集めることができるケースが多いので、それほど費用がかかることはありません。

裁判費用は誰が支払うのか

裁判費用のうち訴訟費用は、**裁判で負けた側が負担する**のが原則です。裁判に勝った側は、訴訟費用額確定処分の申立てを行い、相手に費用を請求することができます。訴訟費用以外の弁護士費用や証拠集めのための費用は、依頼した人が支払います。

ポイント

- 裁判離婚の場合は、**弁護士費用**を用意しておく。
- **訴訟費用は負けた側が負担する**ことも念頭に置いておく。

用語解説
- 着手金　弁護士に依頼するときに手続きを進めてもらうために支払うお金。
- 報酬金　裁判終了後に成功の度合いに応じて支払うお金。

いくら必要？　裁判にかかる費用

訴訟費用

手数料の収入印紙代（1万3,000円～）と郵便切手代（6,000円程度）。訴える内容によって金額が変わってくるので、訴状を提出する裁判所に確認する。

例 離婚、慰謝料300万円、財産分与、子1人の養育費を請求する場合の印紙代
2万円＋1,200円＋1,200円
＝2万2,400円

内容ごとの収入印紙代

請求内容		収入印紙代
離婚のみ		1万3,000円
離婚と慰謝料	～160万円まで	1万3,000円
	～200万円	1万5,000円
	～300万円	2万円
	～500万円	3万円
財産分与		1,200円加算
養育費		子1人につき 1,200円加算

弁護士費用

相談料、着手金、報酬金、実費からなる。報酬金は、裁判の成功の度合いによって異なる。

費用の目安

相談料	30分5,000円～
着手金	20万円～40万円
報酬金	20万円～50万円
実費	交通費、郵便切手代、コピー代　など

証拠集めの費用

相手の不貞を証明するために、調査会社に証拠集めを依頼すると、お金がかかる。

費用の目安

調査会社の費用	30万円～100万円程度

その他の費用

提出書類の取り寄せ・発行の手数料、郵便切手代、コピー代、裁判所への往復の交通費などがかかる。

押さえておこう！
裁判や調停に要する費用を無利子・無担保で立て替えてもらえる「民事法律扶助」制度は、裁判に勝つ見込みがない場合は利用が認められないことがあり、返済は原則、決定の翌月から毎月分割で行うことに注意。

離婚が成立したらすみやかに
離婚届の記入と提出

離婚届は必ず提出が必要

離婚届は、法律上の婚姻関係を解消し、結婚したときに作成した夫婦の戸籍を分けるための書類であるため、**どのような方法で離婚しても提出**しなければなりません。

協議離婚の場合は夫婦の話し合いによって決めた日に市区町村役場に離婚届を提出し、受理された瞬間に、離婚が成立します。調停離婚や裁判離婚のように裁判所の手続きを利用した場合は、離婚が成立してから10日以内に離婚届を提出することになっています。

離婚届の入手と提出時の注意点

離婚届の用紙は、市区町村役場で入手することもできますし、ホームページからダウンロードできる自治体もあります。書き損じることがあるので、複数枚用意しておくとよいでしょう。

記入には、**消えないインクを使用**して、楷書で丁寧に書きます。鉛筆や消せるボールペンは使えません。氏名や住所は省略せず正確に記入します。書き間違いや記入漏れがないかをよく確認してから提出しましょう。

提出先は、**届出人の本籍地**または**所在地にある市区町村役場**で、業務時間外や休日でも受け付けてもらえます。提出の際は、運転免許証やパスポートなどの本人確認書類を持参しましょう。また、離婚届は代理人が提出したり、郵送したりすることも可能です。

離婚する方法によって離婚届に添付書類が必要な場合があります。必要書類はそれぞれ異なるので、事前に確認しましょう。

ポイント

- 協議離婚の場合は、**夫婦ふたりの署名**が必要だが、それ以外の場合は申立て人の署名があれば、**相手の署名はなくてもよい。**
- 万が一に備え、役場の**窓口が開いている時間**に提出するとよい。

離婚届がスムーズに受理されるには

離婚届に記入するときはここに注意！

氏名

結婚時の名前を戸籍に記載されているとおりに書く。新字体に省略しない。
例 ○ 斎藤　× 斉藤

署名

協議離婚の場合は、夫婦それぞれの署名が必要。協議離婚以外の場合は申立て人の署名が必要。

生年月日

日本人は元号で記入する。「平成」を「H」のように省略しない。外国人は西暦で記入する。
例 ○ 平成２年　× Ｈ２

印鑑

2021 年の法改正により、押印は任意となりました。

住所

住民登録している住所を都道府県から記入する。ハイフンは使用せず、「字」や「番地」も省略せずに書く。
例 ○ 三丁目 11 番３号　× 3-11-3

証人

協議離婚の場合は、証人が２人必要。証人は 18 歳以上である必要があり、署名、住所、生年月日、本籍地の記載が必要。協議離婚以外は不要。

離婚届の提出方法

	協議離婚	協議離婚以外
提出時期	特に決まりはない。提出して受理されたら離婚が成立する。	離婚が確定してから 10 日以内
提出場所	届出人の本籍地または所在地がある市区町村役場	
届出人	夫または妻。代理人を立てることも可能	
添付書類	本籍地以外に提出する場合は、戸籍謄本または全部事項証明書	調停離婚：調停調書の謄本 審判離婚：審判書謄本とその確定証明書 和解離婚：和解調書の謄本 認諾離婚：認諾調書の謄本 裁判離婚：判決書謄本とその確定証明書

押さえておこう！

離婚届に誤った記入をしてしまった場合は、間違えた箇所に二重線を引き、署名をしてから上の余白に正しい字を書くのが正しい修正方法です。修正液・修正テープを使用することは避けましょう。

協議離婚の場合のみ成人2名が記入。署名が必要。押印は任意。同姓の2名が押印するときは、異なる印鑑で押印してもらう

記入の注意

鉛筆や消えやすいインキで書かないでください。
筆頭者の氏名欄には、戸籍のはじめに記載されている人の氏名を書いてください。
届書は，１通でさしつかえありません。
この届書を本籍地でない役場に出すときは、戸籍謄本または戸籍全部事項証明書も必要です。
そのほかに必要なもの　調停離婚のとき→調停調書の謄本
審判離婚のとき→審判書の謄本と確定証明書
和解離婚のとき→和解調書の謄本
認諾離婚のとき→認諾調書の謄本
判決離婚のとき→判決書の謄本と確定証明書

証人（協議離婚のときだけ必要です）		
署名 押印 生年月日	山田 清　印	一ノ瀬 智子　印
	昭和 ○ 年 4 月 20 日	昭和 ○ 年 8 月 18 日
住所	埼玉県さいたま市浦和区	東京都江東区豊洲○丁目
	岸町○丁目○ 番地 (番) ○ 号	○ 番地 (番) ○ 号
本籍	埼玉県さいたま市浦和区	山形県米沢市金池○丁目
	岸町○丁目○ (番地) 番	○ (番地) 番

→ 父母がいま婚姻しているときは、母の氏は書かないで、名だけを書いてください。
養父母についても同じように書いてください。
□には、あてはまるものに☑のようにしるしをつけてください。

→ 今後も離婚の際に称していた氏を称する場合には、左の欄には何も記載しないでください（この場合にはこの離婚届と同時に別の届書を提出する必要があります。）。

→ 同居を始めたときの年月は、結婚式をあげた年月または同居を始めた年月のうち早いほうを書いてください。

届け出られた事項は、人口動態調査（統計法に基づく基幹統計調査、厚生労働省所管）にも用いられます。

未成年の子どもがいる場合は、面会交流と養育費についてもチェック

未成年の子がいる場合は、次の□のあてはまるものにしるしをつけてください。

（面会交流）
☑ 取決めをしている。
□ まだ決めていない。
（養育費の分担）
☑ 取決めをしている。
□ まだ決めていない。

未成年の子がいる場合に父母が離婚をするときは、面会交流や養育費の分担など子の監護に必要な事項についても父母の協議で定めることとされています。この場合には、子の利益を最も優先して考えなければならないこととされています。

●署名は必ず本人が自署してください。

離婚によって、住所や世帯主が変わる方は、あらたに住所変更届、世帯主変更届の手続きが必要となりますので、ご注意ください。

なお、離婚届と同時にこれらの届けを出すときは、住所、世帯主欄は、変更後の住所、世帯を書いてください。

就業時間以外（土曜日、日曜日、祝日等）の住民異動届は受付できませんので後日届出ねがいます。

日中連絡のとれるところ
電話（090）00000000
自宅　勤務先　呼出（　　方）

昼間に連絡が取れる番号を書く。携帯電話の番号も可

市区町村役場に提出する日か、ポストに投函する日

離　婚　届

令和 ◯ 年 2 月 20 日届出

さいたま市 長 殿

受理 令和　年　月　日 第　号			発送 令和　年　月　日	
送付 令和　年　月　日 第　号			長印	
書類調査	戸籍記載	記載調査		知

結婚中の氏名を住民票の記載どおりに書く

住所は住民登録しているところ。別居している場合は注意

婚姻中の本籍地

次男・次女のときは二男・二女

		夫		妻	
(1)	(よみかた)	やまだ	たけし	やまだ	まき
	氏　名	氏 山田	名 武史	氏 山田	名 真紀
	生年月日	昭和◯年 2 月 24 日		昭和◯年 7 月 18 日	
	住所 (住民登録をしているところ)	埼玉県さいたま市大宮区 天沼町◯丁目◯番地/番◯号		埼玉県さいたま市大宮区 天沼町◯丁目◯番地/番◯号	
		世帯主の氏名 山田　武史		世帯主の氏名 山田　武史	
(2)	本籍 (外国人のときは国籍だけを書いてください)	埼玉県さいたま市浦和区岸町◯丁目◯番地/番			
		筆頭者の氏名 山田　武史			
	父母の氏名 父母との続き柄 (他の養父母はその他の欄に書いてください)	夫の父 山田　清	続き柄 長男	妻の父 本田　茂	続き柄 長女
		母　千代子		母　和子	
(3) (4)	離婚の種別	☑協議離婚 □調停　年　月　日成立 □審判　年　月　日確定		□和解　年　月　日成立 □請求の認諾　年　月　日認諾 □判決　年　月　日確定	
	婚姻前の氏にもどる者の本籍	□夫 ☑妻 は ☑もとの戸籍にもどる □新しい戸籍をつくる			
		東京都練馬区大泉学園町◯丁目◯番地/番		筆頭者の氏名 本田　茂	
(5)	未成年の子の氏名	夫が親権を行う子		妻が親権を行う子 山田　翔太	
(6)	同居の期間	平成 ◯ 年 6 月から (同居を始めたとき)		令和 ◯ 年 2 月まで (別居したとき)	
(7)	別居する前の住所	番地/番　号			
(8) (9)	別居する前の世帯のおもな仕事と	□1. 農業だけまたは農業とその他の仕事を持っている世帯 □2. 自由業・商工業・サービス業等を個人で経営している世帯 □3. 企業・個人商店等（官公庁は除く）の常用勤労者世帯で勤め…で の世帯（日々または1年未満の契約の雇用者は5） □4. 3にあてはまらない常用勤労者世帯及び会社団体の役員の世… 雇用者は5） □5. 1から4にあてはまらないその他の仕事をしている者のいる… □6. 仕事をしている者のいない世帯			
(10)	夫婦の職業	(国勢調査の年…　年…の4月1日から翌年3月31日までに届出をするときだけ書いてください) 夫の職業		妻の職業	
	その他				
	届出人署名 (※押印は任意)	夫 山田　武史　印		妻 山田　真紀　印	
	事件簿番号				

	字訂正 字加入 字削除
署名	

父母が結婚している場合は、母の姓は書かない

親権者を決めて、子どもの名前をフルネームで記入

国勢調査がある年の4/1から翌年の3/31までに提出する場合のみ記入

父母が養父母の場合、ここに記入

婚姻中の氏で署名してください。

住定年月日	
夫	・　・
妻	・　・

相手の国の法律も絡む 外国人配偶者との離婚

まずは相手の国の法律を確認

外国人と離婚するときは、**どちらの国の法律に従って手続きを進めるか**を知ることから始めます。まずは左ページのチャートを使って確認しましょう。

夫婦の一方が日本に生活拠点を置く日本人の場合は**日本の法律が適用される**ため、日本人夫婦と同じように手続きを行います。財産分与や慰謝料についても、日本の法律に従って決めます。親権については、子どもの国籍がどちらか一方の親と同じであれば、その国の法律が適用されます。

手続きにあたっては、**相手の国の法律**を確認しておくことが大切です。協議離婚を認めている国は珍しく、多くの国では裁判をしないと離婚できません。日本で離婚が成立しても、相手の国では認められないという事態にならないよう、どのような方法で離婚するか慎重に判断しましょう。

国境を越えた子どもの連れ去り

外国人との結婚が破たんして、子どもが外国に連れ去られた場合は、ハーグ条約に基づき、**元々住んでいた国に返す**のが原則。返還後、これからどこで誰と暮らすかを話し合いや裁判で決めます。

ただし、ハーグ条約が適用されるのは、子どもの連れ去り先と連れ去り元の国が**両方ともハーグ条約に加盟**している場合と、子どもが**16歳未満**の場合です。ハーグ条約の非加盟国に子どもが連れ去られた場合は、自力で子どもの居場所を探し、その国の裁判所に子どもの返還を申し立てます。その国の法律に詳しい弁護士に相談するのがよいでしょう。

ポイント

- どの国の法律に従うかを最初に確認し、**相手の国の法律を大使館などで確認**しておく。

用語解説　ハーグ条約　国境を越えた子どもの連れ去りに対処する国際的なルール。日本では、2014年4月から発効。正式名は「国際的な子の奪取の民事上の側面に関する条約」。

相手が外国人の場合の離婚手続き

どの国の法律で離婚することになるのか？

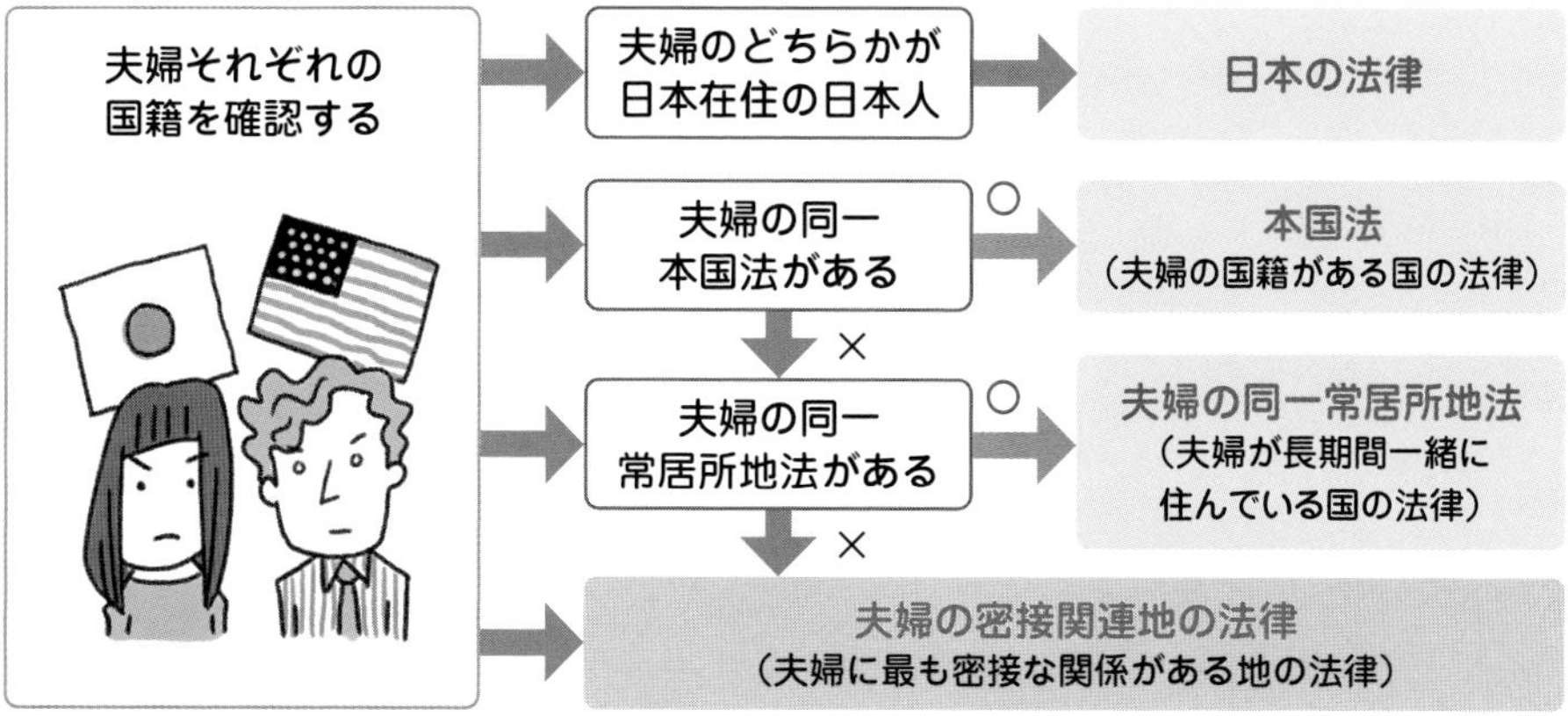

日本から外国に子どもが連れ去られたら？（ハーグ条約）

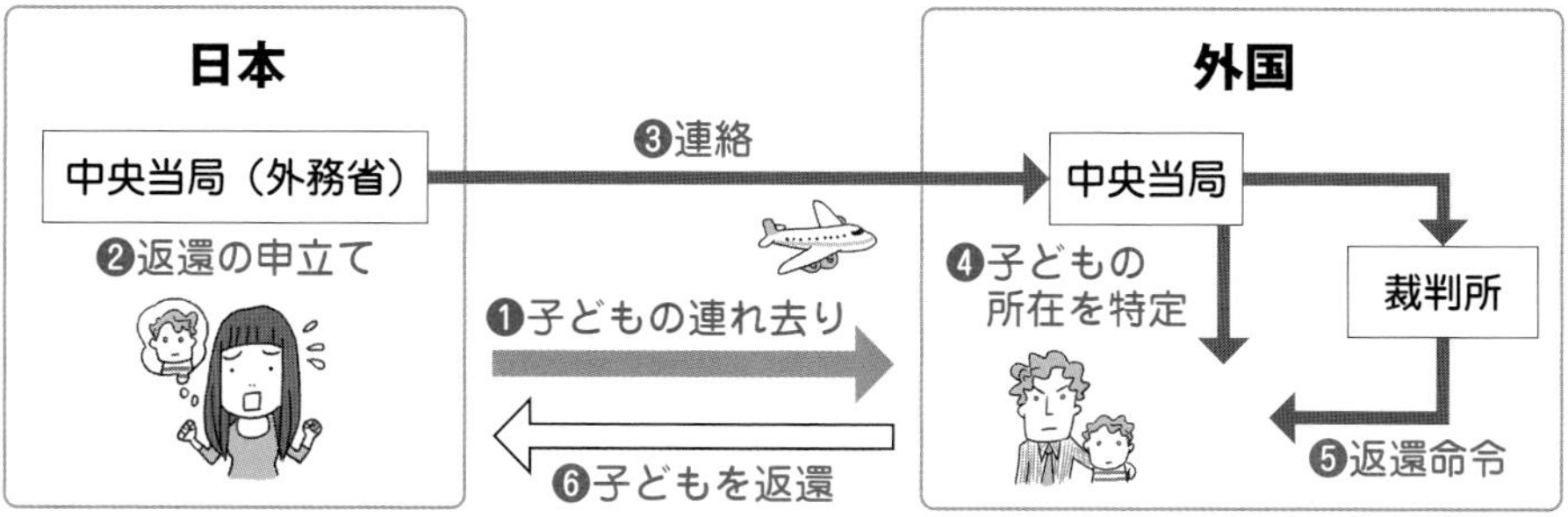

加盟国の一例	非加盟国の一例
アメリカ／イギリス／イタリア／オーストラリア／カナダ／韓国／スイス／シンガポール／タイ／フィリピン／フランス／ロシアなど 101 か国	イラン／インド／インドネシア／カンボジア／中国（香港、マカオは加盟）／ネパール／バングラデシュ／ベトナム／マレーシア

モメない！コツ

ハーグ条約加盟国であっても、以下の場合は返還が認められないことがあるので注意しましょう。「連れ去りから 1 年以上経っている」「子どもに重大な危険が及ぶ」「子どもが返還を拒んでいる」など。

年々増加している 熟年離婚

熟年離婚とは

熟年離婚の明確な定義はありませんが、一般的に婚姻期間が20年以上の夫婦の離婚をいいます。

厚生労働省「令和４年（２０２２）人口動態統計月報年計（概数）の概況」によると、離婚件数は２００２年をピークに減少傾向にあるのに対し、熟年離婚の割合は、１９８５年は12・３％、２００５年は15・４％、２０２２年は21・８％と増加しています。

熟年離婚が増加している背景には、仕事を持ち、経済的に自立した女性が増えたこと、年金分割（⬇P.46）が導入されて、年収の少ないほうが相手の年金の一部を受け取れるようになったことなどが挙げられます。また、相手や義親の介護、退職やリモートワークの普及によって、夫婦が一緒にいる時間が長くなることによるストレスが原因で離婚に至ることもあります。

熟年離婚を決断する前に

熟年離婚でたびたび問題になるのが、「お金」です。熟年離婚の世代は年齢的に就職や転職が難しく、離婚後の収入が足りずに、生活が苦しくなることが少なくありません。熟年離婚を考えはじめたら、離婚後もお金に困ることなく生活していけるよう、計画的な準備をすることが大切です。

長年連れ添った相手との離婚は、大きな決断です。こうしたお金の問題などを考慮したうえで、慎重に判断してください。別居や卒婚という選択肢もあります。離婚が最適なのかも含め、じっくり検討しましょう。

ポイント

- 離婚後にお金で困らないよう、**離婚前から準備**をする。
- **別居**や**卒婚**という選択肢もある。

用語解説　**卒婚**　婚姻関係を維持したまま、お互いに干渉せず、自分の人生を自由に生きること。

熟年離婚について知っておきたいこと

メリットとデメリットを理解して、離婚を決断したのであれば、お金に困ることがないようしっかり準備をしましょう。

熟年離婚のメリット・デメリット

メリット

- 結婚生活の悩みから解放される
- 自分の時間が増える
- 恋愛や再婚が自由にできる
- 相手の親族との関係を断つことができる

デメリット

- 生活が苦しくなる場合がある
- 孤独を感じる
- 子どもや親族に、金銭面や介護などで迷惑をかける場合がある

離婚後にお金に困らないための準備

- **当面の生活資金を確保する**
- **離婚後に住む家を見つける**
- **老後を見すえた生活設計を立てる**
- **財産分与（➡ P.40）、年金分割（➡ P.46）、慰謝料（➡ P.50）をいくら受け取れるか（支払うか）を把握する**

押さえておこう！

熟年離婚でトラブルになりやすいのが、財産分与です。夫婦で築いた財産が多く、高額になることがあるためです。退職金の扱いでもめることもあります。損をしないよう、しっかり財産を把握して、リストアップしておきましょう。

手続きがいらないからこそ取り決めを
事実婚、内縁関係の場合の離婚

離婚ではなく「解消」

事実婚とは、結婚の意思がありながら、婚姻届を出さずに、夫婦と同じような共同生活を送ることです。内縁関係ともいいます。

事実婚の離婚は**「解消」**といいます。**事実婚を解消するために、特別な手続きは必要ありません。**話し合いをして、お互いが合意すれば、いつでも解消することができます。話がまとまらないときは、家庭裁判所に**内縁関係解消調停**を申し立てることができます。手続きの手順や全体の流れは、離婚調停とほぼ同じです。

請求できるお金、できないお金

離婚（解消）に伴い請求できる「お金」のうち、**財産分与、年金分割、慰謝料は、事実婚でも請求できます**。財産分与は、事実婚中に2人で築いた財産を分け合うことができます。年金分割は、一方が他方の扶養に入り、第3号被保険者だった期間がある場合に限り請求が可能です。慰謝料は、離婚の場合と同じく、解消の原因をつくった側に明らかな非がある場合に請求できます。

婚姻費用については、事実婚の場合、同居を解消すると原則として事実婚の解消とみなされるため、請求するのは困難なことが多いでしょう。

2人の間に子がいる場合は、親権や養育費についても取り決めをする必要があります。養育費は父親が子を認知していない場合は、請求できません。

手続きが不要だからこそしっかり話し合い、取り決めたことは公正証書にまとめておきましょう。

ポイント

- 事実婚を解消するのに、**法的な手続きは必要ない**。
- 財産分与、年金分割、慰謝料は**請求が可能**。

用語解説 **内縁関係解消調停**　事実婚解消の話し合いがまとまらないときに、家庭裁判所の調停委員を間に入れて話し合いを進める手続き。財産分与や慰謝料の話し合いもできる。

事実婚解消で知っておきたい「お金」と「子ども」のこと

お金

婚姻費用

- 同居中は請求できる
- 別居すると、原則として事実婚の解消とみなされるため、別居したら請求できないことが多い

財産分与

- 事実婚中に２人で築いた財産を分け合うことができる

年金分割

- 一方が他方の第３号被保険者だった期間のみ対象
- 事実婚を解消した日の翌日から２年以内に手続きをする

慰謝料

- 事実婚を解消した人が、解消の原因を作った相手に対して請求できる
- 正当な理由（121 ページの５つの離婚条件）なしに一方的に解消された人が、解消した相手に対して請求できる

子ども

親　権

- 事実婚の男女の間に生まれた子の親権は母親
- 父親が認知している場合は、手続きにより父親に親権を移すこともできる

養育費

- 父親が子を認知していなければ、請求できない

押さえておこう！

「認知」とは、結婚していない男女の間に生まれた子を、父親が自分の子であると認め、法律上の親子関係になるための手続きです。役所に「認知届」を出せば、手続きは完了します。認知していないと養育費が請求できませんし、子が父親の遺産を相続することもできません。認知を求めているにもかかわらず、父親が認知しない場合は、家庭裁判所に認知調停を申し立てることができます。

見た目は大事！

調停・裁判の服装と身だしなみ

調停・裁判の服装に決まりはありませんが、どんな服装でもよいということではありません。大切なのは清潔感。裁判官や調停委員への印象が良くなる落ち着いた服装にしましょう。ビジネスカジュアルのような服装であれば、まったく問題ありません。

男性はスーツやネクタイを着用する必要はありませんし、女性はスカートでもズボンでもかまいませんが、お金に関する問題を扱うことも多いので、浪費している印象を与えかねない派手な服装やアクセサリー、高級ブランド品は避けましょう。

夏はクールビズでOK。ただし、極端に露出の多い服装やサンダル・ミュールはふさわしくありません。常識的な服装を心がけましょう。

4章 いざ新生活をスタート！

「離婚後の手続き」を学ぶ

離婚届を提出して離婚成立。新しい生活をスタートするにあたり、その後もやらなければならない手続きは、たくさんあります。それらの手続きについて押さえるとともに、離婚後のライフスタイルも考えておきましょう。

準備をしっかりしたおかげで
・・・
ありがとう
損することやモメることなく離婚が成立
・・・
よし…いよいよこれからね
その後新居探しや
親子2人だし…
景色がいいのね
仕事探し
資格とっておこう
ここよさそう
引っ越しに
翔太のもの
○○引越便

住所変更などの手続きを万全に済ませ…
住民課
おねがいします
はい
……
そして…
忘れ物ない？
翔太…元気でな
長い間お世話になりました
ママの言うことをきいてな
バイバイ…
……
バイバイ

一方、美咲は…
ち…調停離婚？
わ…わかったよ
何とか協議離婚をし慰謝料も得た
よし
これで晴れて独り身！
…が、離婚後それまでの怒りモードから一変
つかれた〜
バサッ
……なんだか気が抜けちゃった…
仕事から帰っても食欲もないしちゃんと眠れない日々が続いた
ダメだ…

ダメだ!!
よし！美容院へ行こう！
買い物も行こう！
←とりあえず帽子
おまたせ！
美咲ちゃん似合ってるー！
前髪つくってみました♪
それでね
有給休暇を取ってニューヨークに行ったんです
わー いいなあ!!
私も旅行に行きたいな
美咲ちゃんは最近ひとりで映画に行ったり旅行したりおひとりさまを楽しんでいる様子
翔太！忘れ物ない？
大丈夫！いってきまーす！
さて私も仕事に行こう
私は宅建の資格を取り近くの小さな不動産会社に勤めている

たまに元夫と3人で会う
パパ!!
翔太学校どうだ？
距離を置いたことで結婚当時より穏やかに話ができて
真紀の仕事は？
うんなんとかね
良い関係が築けているような気がする
髪を切った美咲はというと…
おつかれさま！なんとか間に合ったわね
助かりました！お礼にごはんごちそうしますよ
え？
美咲さん独身なんですか？
バツイチですよ

え!?
僕と一緒じゃん
まさか浮気して!?
ちょっと
新しい出会いがあり楽しそうです
ちがいますよっ
じつは…
ふーん
じゃあ今日はちょっと難しいポーズに挑戦してみましょう
TOMOKO YOGA SCHOOL
離婚して幸せになるかならないかは自分次第
では一本足のポーズ
片足でバランスをとる柔軟性が必要ですよ〜
ふらっ
その先の人生を幸せにするもしないも自分次第
とっとっとっ

慎重に決めたい 離婚後の戸籍と姓の選択

結婚前の戸籍に戻る場合

離婚をすると、結婚の際に一緒にした夫婦の戸籍を別々に分けることになります。基本的には、戸籍筆頭者ではない人、つまり結婚時に姓を変えた人が戸籍を抜けることになります。

戸籍を出る人は、離婚届を提出する際に、**結婚前の戸籍（親の籍）に戻る**のか、**自分を筆頭者とする新しい戸籍をつくる**のかを選択します。結婚前の戸籍に戻る場合は姓を選択することはできず、旧姓を名乗ることになります。

新しい戸籍をつくる場合

自分を筆頭者とする新しい戸籍をつくる場合は、本籍地と姓（氏）をどうするかを決めなくてはなりません。姓は、旧姓に戻るか、結婚時の姓を名乗るかを選ぶことができ、結婚時の姓を名乗り続けたいときは、「**離婚の際に称していた氏を称する届**」を本籍地または住所地のある市区町村役場に提出します。提出期限は、**離婚日から3か月以内**です。

一度決めた姓をあとから変更するのは簡単ではないので、慎重な判断が求められます。やむを得ない事情があり、どうしても姓を変更したくなった場合は、家庭裁判所の許可を得てから、市区町村役場に変更の届出をする必要があります。申立てをするときは、「家事審判申立書（氏の変更）」を記入し、申立人の戸籍謄本と氏の変更の理由を裏付ける資料を提出します。

ポイント

- 離婚を届け出ると、**夫と妻が別の戸籍になる。**
- 筆頭者でない人の戸籍の選択は2つ。**元の戸籍に戻るか、新しい戸籍をつくるか。**
- 戸籍を選択するときは、離婚届（⬇P.141）の「**婚姻前の氏にもどる者の本籍**」欄の当てはまる項目にチェックを入れる。

用語解説　**戸籍筆頭者**　戸籍の最初に記載されている人。夫婦の場合は、婚姻の際に姓を改めなかった者が戸籍筆頭者。

「離婚の際に称していた氏を称する届」の記入例

離婚の際に称していた氏を称する届
(戸籍法77条の2の届)

令和 ◯ 年 2 月 20 日届出

埼玉県さいたま市 長 殿

受理 令和 年 月 日 第 号	発送 令和 年 月 日
送付 令和 年 月 日 第 号	長印
書類調査 / 戸籍記載 / 記載調査 / 附票 / 住民票 / 通知	

(1)	(よみかた) 離婚の際に称していた氏を称する人の氏名	(現在の氏名、離婚届とともに届け出るときは離婚前の氏名) やまだ まき / 氏 山田 / 名 真紀	昭和◯年 7 月 18 日生
(2)	住所 (住民登録をしているところ)	埼玉県さいたま市大宮区天沼町◯丁目◯ 番地 番 ◯ 号 / 世帯主の氏名 山田 武史	
(3)	本籍	(離婚届とともに届け出るときは、離婚前の本籍) 埼玉県さいたま市浦和区岸町◯丁目◯ 番地 番 / 筆頭者の氏名 山田 武史	
(4)	氏	変更前(現在称している氏) 山田	変更後(離婚の際称していた氏) (よみかた) やまだ 山田
(5)	離婚年月日	令和◯ 年 2 月 20 日	
(6)	離婚の際に称していた氏を称した後の本籍	((3)欄の筆頭者が届出人と同一で同籍者がない場合には記載する必要はありません) 東京都練馬区大泉学園町◯丁目◯ 番地 番 / 筆頭者の氏名 山田 真紀	
(7)	その他		
(8)	届出人署名 (※押印は任意) (変更前の氏名)	山田 真紀 印	

字訂正 字加入 字削除

届出印

住定年月日 ・ ・

日中連絡のとれるところ
電話(090)00000000
自宅 勤務先 呼出(方)

本籍地のある市区町村役場の長

日本人は元号で記入する

戸籍どおりに書く

離婚届と一緒に提出するときは、離婚前の本籍地を書く

協議離婚の場合は離婚届の提出日、それ以外の場合は裁判が確定した日

携帯電話の番号でもよい

押さえておこう！

結婚前の戸籍に記載されている父母や兄弟姉妹の全員が婚姻、離婚、死亡したことによって戸籍が除籍になっている場合は、結婚前の戸籍に戻ることはできず、自分を筆頭者とする新しい戸籍をつくることになります。

3つの選択肢がある
離婚後の子どもの戸籍と姓

子どもの戸籍と姓を変更するには

両親が離婚しても、**子どもの戸籍と姓は変わりません**。したがって、親権を取った母親が父親の戸籍を抜けて結婚前の戸籍に戻ることになった場合、母親と子どもは戸籍も姓も別々になります。

母親と子どもの戸籍を一緒にしたいときは、**自分を筆頭者とする新しい戸籍をつくる**必要があります。戸籍ができたら、家庭裁判所に**子の氏の変更許可**を申し立てます。申立てができるのは、子どもが15歳未満であれば親権者、15歳以上であれば子ども本人に限られます。家庭裁判所の許可をもらったら、市区町村役場で子どもの入籍手続きを行います。

離婚後300日以内に生まれた子どもの場合

離婚後**300日以内**に生まれた子どもは、母親の再婚後に生まれたのでない限り前夫の子と推定され、他の男性との子であっても**前夫の戸籍**に入ります。

子どもを母親の戸籍に入れるには、次の3つの方法のいずれかで、前夫が父親でないことを証明しなければなりません。

❶子どもを妊娠した時期が離婚後であることを**医学的に証明**する。

❷家庭裁判所に親子関係不存在確認の調停を申し立て、妊娠した時期に**前夫と母親に性的関係がなかったことを証明**する。

❸前夫、子または母が家庭裁判所に**嫡出否認の申立て**をする。

子どもが前夫の子でないことが認められれば、子どもは非嫡出子として母親の戸籍に入ります。

ポイント

- 子どもが小・中学生の場合は、子どもの姓について**親子でよく話し合って**から決めるとよい。
- 離婚後**301日以降**に生まれた子どもは、**非嫡出子として母親の戸籍に入る**。

用語解説

- 嫡出子　法律上結婚している男女の間に生まれた子ども。
- 非嫡出子　法律上結婚していない男女の間に生まれた子ども。

どうなる？　子どもの戸籍と姓

夫 山田 武史　　妻 山田 真紀　　子 山田 翔太

離婚

母は家族の戸籍を抜け、下記の❶〜❸のいずれかを選択する

1 母子の戸籍と姓を別々にする（母：結婚前の戸籍・旧姓。子ども：父親の戸籍・姓）

本田 真紀
山田 翔太

2 母を筆頭者とする新しい戸籍をつくり、母子ともに結婚時の姓を名乗る

山田 真紀
山田 翔太

3 母を筆頭者とする新しい戸籍をつくり、母子ともに旧姓を名乗る

本田 真紀
本田 翔太

離婚後に生まれた子どもの戸籍（母親が再婚しない場合）

離婚　　300日目

嫡出子として前夫の戸籍に入る　→　非嫡出子として母親の戸籍に入る

1. 妊娠が離婚後であることを医学的に証明
2. 前夫と母親に性的関係がなかった事実を証明
3. 前夫、子または母が嫡出否認の申立てをする

- 前夫が長期の海外出張中であった事実
- 前夫が受刑中で収監されていた事実
- 前夫と別居していた事実　など

非嫡出子として母親の戸籍に入ることができる

押さえておこう！ 内縁・事実婚の夫婦の子どもは、父母が関係を解消しても、戸籍と姓が変わることはありません。

国によって異なる
国際離婚による戸籍と姓

離婚しても戸籍と姓は変わらない

日本人が外国人と結婚し、その配偶者が日本在住の場合、**日本人を筆頭者とする戸籍**がつくられます。外国人配偶者は日本国民には当たらないため、その戸籍には入れず、身分事項の欄に氏名、国籍、生年月日と結婚した事実が記載されます。国際結婚によって**姓が結婚前と変わることはありません**。外国人配偶者の姓を名乗りたい場合は、届出が必要です。

国際結婚の夫婦の間に生まれた子どもの国籍は、両親の国籍と出生地によって異なります。日本国籍は、**父か母が日本人であれば取得できます**。日本で出生届が出されると、日本人の親の戸籍に入ります。

離婚しても、**親子の戸籍と姓は結婚時と変わりません**。したがって、外国姓で戸籍をつくった場合は、離婚後も外国姓を名乗ります。

外国姓を日本姓に戻す方法

外国姓を日本姓に戻したい場合は、**離婚後3か月以内**に、市区町村役場に「外国人との離婚による氏の変更届」を提出します。3か月を過ぎたときは、家庭裁判所に「氏の変更許可」を申し立て、許可をもらう必要があります。なお、日本姓に戻る場合は、結婚前の戸籍に戻るのではなく、**届出人だけの新しい戸籍**がつくられます。

親が日本姓に戻り、新しい戸籍をつくっても、子どもは親の結婚時の戸籍と姓のままです。子どもの戸籍と姓も変更したいならば、親が姓の変更を届け出るときに、**同籍する旨の入籍届**を提出します。

ポイント

- 日本国籍を持つ子どもの親権を外国籍の親が取ったとしても、**子どもの国籍と姓は変わらない**。
- 外国籍の親が日本国籍を取得した場合は、**親の戸籍に子どもを入れることができる**。

日本人・外国人夫婦の子どもの国籍と姓

子どもの国籍はどう決まる？

国籍取得にあたって、世界の国々は血統主義または出生地主義を採用している。配偶者の国籍や子どもの生まれた国によって、子どもの国籍は変わってくる。

血統主義

子どもがどこで生まれようと、親の国籍が子どもの国籍になる。
例 日本、韓国、中国、フィリピン　など

出生地主義

親がどこの国籍であろうと、子どもは生まれた国の国籍を取得できる。
例 アメリカ、カナダ、ブラジル　など

例 韓国人の父と日本人の母の間に生まれた子どもの国籍

日本、韓国などの血統主義の国で生まれた場合
▼
日本と韓国の二重国籍

アメリカなどの出生地主義の国で生まれた場合
▼
日本、韓国、出生地の多重国籍

国際離婚をした場合の親子の姓はどうなる？

結婚時

日本姓の場合
母 中村 桃子
子 中村 優一

外国姓の場合
母 ブラウン 桃子
子 ブラウン 優一

離婚

日本姓の場合 → 1
外国姓の場合 → 1～3のいずれかを選択する

離婚後

1 変更なし

2 母だけ日本姓に戻り、新しい戸籍をつくる。親子の戸籍と姓は別々になる
母 中村 桃子
子 ブラウン 優一

3 母を筆頭者とする新しい戸籍をつくり、母子ともに旧姓を名乗る
母 中村 桃子
子 中村 優一

押さえておこう！

親の旧姓に変更しても、学校ではこれまでの姓を通称名として引き続き使用できる場合があります。どのように対応してもらえるかは学校によって異なるので、子どもの通っている学校に相談しましょう。

離婚後すぐにやるべき手続き①
氏名・住所等の変更手続き

手続きに優先順位をつける

離婚後にしなければならない主な手続きには、氏名・住所の登録情報の修正、社会保険の手続き（⬇P.１６４）、財産分与に関する手続き（⬇P.１６６）、子どもに関する手続き（⬇P.１６８）があります。左ページを参考に、自分が必要な手続きを確認しましょう。

姓と住所が変わった場合、結婚時の姓と住所で登録しているものは、変更手続きを行うのが原則です。たくさんの手続きをこなすには、優先順位をつけるのがポイント。住民票、運転免許証やパスポートなどの**身分証明書として使えるものを最優先**で行い、その他については、①健康保険・年金、印鑑登録などの公的なもの⬇②公共サービスのものや預貯金口座などのお金に関するもの、という順に行うとよいでしょう。

必要書類は事前に用意

手続きに必要な書類は、前もって揃えておきましょう。戸籍謄本（戸籍全部事項証明書）、または戸籍抄本（戸籍個人事項証明書）は、手続きごとに必要になるので、**複数枚を用意**しておきましょう。子どもが自分の戸籍に入っている場合は、**戸籍謄本**のほうが便利です。手続きの際は、発行されてから3か月～6か月以内のものを求められるので、入手したら早めに手続きを行いましょう。

住民票の写しが必要になるのは、運転免許証の姓や本籍地を変更する場合などです。本籍記載の住民票をもらうようにしましょう。マイナンバーや続柄の記載は不要です。

ポイント

住民票のある市区町村役場に離婚届を提出する場合は、国民健康保険証（加入者のみ）、マイナンバーカード、通知カードを持って行くと、**一度で複数の変更手続きを済ませることができる。**

用語解説　**戸籍謄本**　戸籍に入っている全員の項目を写したもの。戸籍事務がコンピュータ化している自治体では、「戸籍全部事項証明書」と呼ばれる。一個人の項目を写したものは戸籍抄本という。

離婚後の手続きチェックリスト

❶ 氏名・住所・本籍地の変更

公的な証明書

- □住民票の異動届、世帯主変更届　市区町村役場
- □マイナンバーカード、通知カード　市区町村役場
- □印鑑登録　市区町村役場
- □運転免許証　運転免許センター
- □パスポート　パスポートセンター

公共サービス

- □水道　水道局
- □電気　電力会社
- □ガス　ガス会社
- □固定電話　電話会社
- □携帯電話　携帯電話会社
- □インターネット回線　プロバイダー
- □定期券　鉄道会社、バス会社
- □郵便（転送サービス）　郵便局

お金・自分名義の財産

- □預貯金口座　金融機関、郵便局
- □有価証券　金融機関、発行会社
- □保険　保険会社
- □クレジットカード　カード会社
- □所有不動産　法務局
- □借家・賃貸マンション　大家・管理会社
- □自動車（車検証）　運輸支局
- □自転車（防犯登録）　自転車販売店

❷ 社会保険

- □健康保険・年金
  会社員：勤務先
  自営業・パート・専業主婦（夫）：市区町村役場

❸ 財産分与による財産

- □預貯金口座　金融機関、郵便局
- □有価証券　金融機関、発行会社
- □保険　保険会社
- □不動産　法務局
- □自動車（移転登録）　運輸支局
- □会員権　発行会社

❹ 子ども関連

- □戸籍の移動　市区町村役場
- □児童手当　市区町村役場
- □児童扶養手当　市区町村役場
- □児童育成手当　市区町村役場
- □転校の手続き　学校
- □保育園・幼稚園　市区町村役場、幼稚園
- □健康保険の被扶養者登録　勤務先
- □子ども名義の預貯金口座　金融機関、郵便局

押さえておこう！

戸籍謄本（戸籍全部事項証明書）は、本籍地のある市区町村役場から取り寄せます。郵送での請求も可能です。一部の市区町村では、コンビニエンスストアで交付してもらうこともできます。

離婚後すぐにやるべき手続き②
健康保険と年金の手続き

健康保険の手続き

専業主婦（夫）などで配偶者の被扶養者だった場合、離婚後は**自分で健康保険に加入**することになります。離婚後すぐに就職した人は勤務先の健康保険、それ以外の人は**国民健康保険**への加入手続きが必要です。手続きの際は、元配偶者の扶養から外れたことを証明する書類が必要なため、元配偶者の勤務先から**資格喪失証明書**または**扶養削除証明書**を発行してもらいましょう。

自営業などで、元配偶者を世帯主とする国民健康保険に入っていた場合は、自分を世帯主とする国民健康保険に加入し直します。

子どもの健康保険については、親権を取って一緒に暮らす親の保険に加入するのが一般的ですが、条件が合えば、元配偶者の扶養に残すことも可能です。

年金の手続き

配偶者の被扶養者だった人（第3号被保険者）は、年金の種別を変更する必要があります。離婚後すぐに就職した人は、**第2号被保険者**へ、それ以外の人は**第1号被保険者**へ変更になります。手続き期間は、第3号被保険者でなくなった日から**14日以内**とされ、遅れて未納期間が生じると、将来受け取る年金額が少なくなる場合があるので注意が必要です。未納の年金保険料は、2年以内のものは遡って納付できます。

なお、結婚しているときに自営業で第1号被保険者だった人、会社員で第2号被保険者だった人は、種別の変更手続きは必要ありません。

ポイント

- 国民健康保険加入手続きは、**元配偶者の扶養から外れてから14日以内。**
- 年金の種別の変更手続きは、**第3号被保険者でなくなった日から14日以内。**

離婚後の健康保険と年金はどうなる？

健康保険の種類

国民健康保険	自営業者、農林漁業者、パート、退職者が加入
健康保険	会社員、公務員、船員とその家族（被扶養者）が加入

年金の種別

第1号被保険者	自営業者、農林漁業者、学生、パート、無職の人
第2号被保険者	厚生年金に加入している会社員、公務員
第3号被保険者	第2号被保険者に扶養されている配偶者

●専業主婦（夫）が離婚すると…

離婚前

専業主婦（夫）
健康保険：健康保険に加入している配偶者の被扶養者　年金：第3号被保険者

離婚後

すぐに就職する場合
健康保険：勤務先の健康保険
年金：第2号被保険者
手続き先：勤務先

就職以外の場合
健康保険：国民健康保険
年金：第1号被保険者
手続き先：市区町村役場

●会社員が離婚すると…

離婚前

会社員
健康保険：勤務先の健康保険
年金：第2号被保険者

離婚後

姓、住所、子どもの変更手続きを行う

●自営業者が離婚すると…

離婚前

自営業者
健康保険：国民健康保険
年金：第1号被保険者

離婚後

世帯変更の手続きを行い、自分を世帯主とする国民健康保険に加入

損しない！コツ

国民年金保険料を支払うのが難しいときは、保険料免除制度を利用できます。免除されている期間は納付期間とみなされるので、未納期間は生じませんが、将来受け取る年金額は少なくなります。

離婚後すぐにやるべき手続き③ 不動産や自動車の財産分与

不動産の名義変更

財産分与に関する手続きのうち、手間がかかるのが、不動産と自動車の名義変更です。

元配偶者名義の不動産を取得した場合、名義変更をするには、不動産のある地域の**法務局で不動産登記を申請**します。手続きには多くの書類が必要で、専門的な知識が求められるので、事前に法務局に足を運んで相談するとよいでしょう。なお、登記の際には**登録免許税**がかかります。税額は、固定資産評価額の1000分の20（2％）です。評価額を知るには、市区町村役場で固定資産評価証明書を発行してもらいましょう。

不動産の名義変更は義務ではありません。ですから住居として住み続けたいだけなら、名義は相手に残し、自分が住む権利を保証してもらうようにすることも可能です。しかし、その場合は相手が勝手に不動産を売却してしまうなどのリスクもあるので、注意が必要です。

自動車の名義変更

元配偶者名義の自動車を所有することになったら、**運輸支局で名義変更の手続き**を行います。手続きは、離婚前でも離婚後でもかまいません。離婚前に変更すると、離婚後に姓や住所の変更手続きを再度行わなければなりませんが、自動車保険を引き継いで**保険料を抑えられる**というメリットがあります。

名義変更ができない場合もあります。ローンが残っていて、**所有権が販売会社かローン会社になっている**ケースです。所有者が誰になっているかは、車検証の「所有者の氏名又は名称」欄を確認しましょう。

ポイント

- 名義変更をしないと、確実に**自分の財産にはならない**。
- 住宅ローンが残っている不動産の名義変更をする場合、**融資をしている金融機関の承諾が必要**。

用語解説　不動産登記　土地や建物の場所、面積、権利関係などを、国が管理する登記簿に記載することによって国に証明してもらうこと。単に「登記」とも呼ばれる。

不動産・自動車の名義変更での必要事項

不動産

窓口　不動産のある地域の法務局

必要書類（協議離婚の場合）

- 所有権移転登記申請書
- 登記原因証明情報（財産分与契約書、離婚協議書）

渡す側
- 登記済権利証または登記識別情報通知
- 実印
- 印鑑証明書（発行後３か月以内）
- 固定資産評価証明書

受け取る側
- 住民票
- 認印

※裁判離婚の場合は、登記原因証明情報として調停調書、和解調書、判決書を用意。
渡す側の協力を得る必要はなく、受け取る側が単独で申請できる。

登録免許税　**固定資産評価額× 20/1000**

例 固定資産評価額が、3,000 万円の場合
3,000 万円 × 20/1000 ＝ 60 万円

自動車

窓口　新たな所有者の住所がある地域の運輸支局、運輸支局に隣接した税事務所

必要書類

- 移転登録申請書
- 検査登録印紙
- 手数料納付書

…手続き当日に運輸支局で入手

- 自動車税・自動車取得税申告書…手続き当日に税事務所で入手
- 自動車検査証

※本人が手続きを行わないときは、それぞれ委任状が必要

渡す側
- 譲渡証明書
- 印鑑証明書
- 実印

受け取る側
- 車庫証明書
- 印鑑証明書
- 実印

押さえておこう！

不動産や自動車の名義変更の手続きは、自分で行うことも、お金を支払って専門家にお願いすることもできます。不動産は司法書士、自動車は行政書士か代行業者に依頼しましょう。

離婚後すぐにやるべき手続き④ 園や学校に関する手続き

保育施設入所の手続き

未就学の子どもを預ける主な施設には、幼稚園、保育園、認定こども園などがありますが、働きながら子育てをする場合に多く利用されるのが、**認可保育園**です。

保育園は、厚生労働省が管轄する福祉施設で、0歳〜就学前の乳児や幼児を原則8時間預かってもらうことができます。**保護者が働いていて、保育の手助けを必要としていることを前提**としているため、ひとり親家庭の子どもは優先的に入園できますが、待機児童が多い地域では、すぐに入園や転園ができないこともあります。

認可保育園に新規に申し込む場合も転園を希望する場合も、**市区町村役場で申込みや転園の手続き**を行います。申込みは求職中でも可能で、保育料は保護者の収入や所得税が基準になります。

また、近年は、幼保連携型認定こども園の利用も増えてきました。受け入れ年齢や保育時間、保育料は、基本的には認可保育園と同様で、自治体から認定を受ける必要がありますが、保護者の就労にかかわりなく申し込むことができます。

小・中学校の手続き

子どもが公立の小・中学校を転校する場合、まずは担任に転校することを伝え、**在学証明書と教科用図書給与証明書**をもらいます。後日、この2つの書類と転入先の役場から受け取る転入学通知書を指定された学校に提出すると、手続きが完了します。私立の小・中学校の場合は、転入先の学校に問い合わせましょう。

ポイント

- 保育施設はできれば**事前に見学し、施設の様子を把握**しておく。
- 転園・転校を伴う引っ越しは、余裕をもって手続きや準備ができるよう、**長期休暇中**に行う。

用語解説　**認定こども園**　幼稚園（教育）と保育園（福祉）の両方の性質を併せもつ幼保一体型施設。

認可保育園入園、公立の小・中学校の転校の手続きの流れ

認可保育園へ入園するまで

1. 申込みに必要な書類を準備する
●入園申込書＋保育を必要とすることを証明する書類（雇用証明書や就労証明書）など

2. 必要書類を市区町村役場に提出する
●窓口での受付が一般的。郵送を受け付けているかは要確認

3. 電話か郵送で入園内定の連絡をもらう
●入園できない場合は、通知が届く

4. 面接・健康診断などを受けて入園する
●面接・健康診断の結果、入園が認められないケースもある

市外へ引っ越す場合の公立小・中学校の転校手続き

1. 担任の先生に転校することを伝えて証明書をもらう
●引っ越しの1か月前には連絡する。在学証明書、教科用図書給与証明書をもらう

2. 引っ越し前の市区町村役場に転出届を出す
●転出証明書を発行してもらう

3. 引っ越し先の市区町村役場に転入届を出す
●転入届と転出証明書を提出すると、転入学通知書を発行してもらえる

4. 指定の学校で手続きをする
●転入学通知書、在学証明書、教科用図書給与証明書を提出する

押さえておこう！

保育園への入園手続きの際、就労中、就労内定なら勤務（内定）証明書、求職中なら求職活動の状況を報告する書類を提出します。書式は市区町村ごとに異なるので、市区町村役場に確認しましょう。

安心して暮らすために
離婚後のＤＶ・ストーカー対策

まずは相談を

離婚後も元配偶者からの暴力が続いたり、ストーカー行為をされたりすることがあります。結婚しているときはＤＶやモラハラがなくても、未練や逆恨みなどの理由で、元配偶者がこうした行為に及ぶこともあります。

離婚後に暴力やストーカー被害を受けたときは、緊急性が高ければ警察に通報、そうでなければ証拠を集めて、警察や配偶者暴力相談支援センターに相談します。配偶者暴力相談支援センターは、離婚前から暴力を受けていたなら、離婚後も相談に応じてくれます。

ＤＶ・ストーカーから逃れるには

離婚前から暴力を受けていた場合は、地方裁判所に保護命令を申し立てることができます。離婚後から暴力を受けるようになった場合は、対象外です。

ストーカー被害を受けている場合は、警察に相談すると、ストーカー規制法に基づく警告や禁止命令を出してもらえる場合があります。警察沙汰にすると相手を刺激しそうで怖いのであれば、弁護士に相談するのもいいでしょう。

離婚後の住所を元配偶者に知られないようにするために、「住民基本台帳事務におけるＤＶ等支援措置」（以下、支援措置）を利用するのも有効です。住民票がある市区町村の役所に支援措置を申し出ると、加害者による住民票の写しや戸籍の附票などの取得が制限されるので、住民票や戸籍から住所を知ることができなくなります。

ポイント

- 警察や配偶者暴力相談支援センターに相談する前に、しっかり**証拠を集める**。
- 保護命令やストーカー規制法に基づく**警告や禁止命令**を出してもらう。

用語解説 **ストーカー規制法**　つきまとい、乱暴な言動、執拗な電話やメールでの連絡などを繰り返すストーカー行為を規制、処罰する法律。

離婚後のＤＶ・ストーカーから逃れる方法

警察や配偶者暴力相談支援センターなどの機関に相談する

地方裁判所に保護命令を申し立てる

これまでに配偶者から暴力を受けたことがあり、今後も暴力を受けて生命や身体に重大な危害を受ける恐れが大きい場合に申し立てることができる。保護命令には次の５つがある。

接近禁止命令	被害者へのつきまといや、住居、勤務先等の近くを徘徊することを禁止する命令
電話等禁止命令	被害者への執拗な電話やメール、面会の要求などを禁止する命令
子への接近禁止命令	被害者と同居する未成年の子へのつきまといや、学校等の近くの徘徊を禁止する命令
親族等への接近禁止命令	被害者の親族等へのつきまといや、住居、勤務先等の近くを徘徊することを禁止する命令
被害者と共に生活の本拠としている住居からの退去命令	被害者と同居している場合に、その住居からの一時退去とその付近の徘徊を禁止する命令

警察から、ストーカー規制法に基づく警告や禁止命令を出してもらう

警告	警察署長などがストーカー行為を繰り返さないよう警告する。違反しても罰則はない
禁止命令	都道府県の公安委員会がストーカー行為を繰り返さないよう命令する。違反すると罰則あり

警告や禁止命令を受けてもストーカー行為を繰り返す場合や悪質な場合は逮捕することもある

役所に「支援措置」を申し出る

- 相談の結果、支援措置が必要と認められた場合、住民票のある市区町村の役所に支援措置を申し出ると、加害者からの住民基本台帳の一部の写しの閲覧、住民票の写し等の交付、戸籍の附票の写し等の交付の請求や申出を制限できる
- 支援措置を申し出るには、申出書に警察署、配偶者暴力相談支援センター、児童相談所等の意見を記載してもらうか、裁判所の発行する保護命令決定書の写しなどの、措置の必要性を確認できる書類が必要
- 期間は１年。継続を希望する場合は、更新の手続きが必要

押さえておこう！

DV防止法（配偶者からの暴力の防止及び被害者等の保護等に関する法律）が改正され、2024年４月より、モラハラも保護命令の対象となります。また、各接近禁止期間が６か月から１年に延長されます。

困ったときはぜひ利用したい
ひとり親への公的支援

児童扶養手当

児童扶養手当は、ひとり親家庭の子どものために地方自治体から給付される手当です。受給期間は、子どもが満18歳になる年の年度末（心身に一定の障害のあるときは20歳未満）までですが、**所得が一定水準以下**であることが条件となります。

支給を受けるには、**市区町村役場に申請**をします。必要書類は、申請者の生活状況によって異なるので、必ず市区町村役場に確認しましょう。市区町村の認定を受けると手当が支給されますが、手当の額は子どもの数や所得に応じて変わります。

また、児童扶養手当を受給していると、ＪＲ通勤定期券の割引や都営交通無料乗車券の発行、自治体によっては上下水道の基本料金の減免を受けられます。

母子父子寡婦福祉資金

母子父子寡婦福祉資金は、ひとり親家庭に対して自治体が、**生活資金、高校や大学などの修学資金などの貸付け**を行う制度です。修学資金は、原則、無利子・連帯保証人不要で借りることができます。

貸付けにあたっては、書類や面談による審査があります。審査で重視されるのは、**貸付けが自立につながるか、返済が可能か**の2点です。審査の結果、貸付けが認められると、市区町村ごとに決められた資金が交付されます。資金は、貸付け決定時に決めた方法で期限内に返済することが求められ、返済が滞ると違約金が課されるので、必ず期限を守りましょう。

ポイント

- 養育費の仕送りや同居家族の所得、生活保護など、**給与所得以外の収入**も、児童扶養手当認定の可否の対象となる。
- ひとり親家庭を対象にした優遇制度は他にもあるので、**住所のある市区町村役場**に確認を。

用語解説　**寡婦**　夫と死別または離婚し、再婚しないでいる女性。

ひとり親家庭を支援するさまざまな制度

1. 児童扶養手当

子どもの数	全額支給	一部支給
1人	4万3,070円	4万3,060円～1万160円
2人	1万170円を加算	1万160円～5,090円を加算
3人以上	1人につき6,100円を加算	6,090円～3,050円を加算

※物価の変動等に応じて毎年額は改定

2. 母子父子寡婦福祉資金（東京都の例）

主な資金の種類		貸付限度額	据置期間	返済期限	利率
修学資金	高校（国公立、自宅）	月2万7,000円	修学終了後6か月	20年以内	無利子
	大学（国公立、自宅）	月6万7,500円			
就学支度資金	高校（国公立、自宅）	16万円	修学終了後6か月	20年以内	無利子
	大学（国公立、自宅）	38万円			
生活資金	技能習得期間中	月14万1,000円	期間満了後6か月	20年以内	無利子または1%
	その他	月10万5,000円		5年または8年以内	

3. 就業支援

●就業相談・情報提供

マザーズハローワーク、母子家庭等就業・自立支援センターで行っている。

●自立支援プログラム

個々の事情に応じたプログラムをつくり、自立をサポートしてくれる。

●給付金

職業訓練を受けたり、資格を取得したりするための養成機関で、受講している人に支給。

4. ひとり親家庭等医療費助成

ひとり親家庭の親子の医療費、薬剤費の一部を助成する制度。所得制限がある。助成内容や所得制限額は、住まいのある市区町村役場に確認する。

5. 寡婦・寡夫控除

ひとり親家庭の親は、所得税27万円、住民税26万円の控除を受けられる。

押さえておこう！

児童扶養手当の審査は書類と面談によって行われるのが一般的です。面談では、家庭状況、就労状況、養育費のことなどを聞かれるので、事前に答える内容を考えて、メモにしておくとよいでしょう。

離婚後の手続き
10

安心、安定して働き続けるために
ひとり親への就業支援

ひとり親の就職は難しい

ひとり親の就職や転職は、なかなか難しいのが現実です。せっかく就職できても、賃金が低い、長く続かないという場合もあります。そのため、**国や自治体を中心に、さまざまな形でひとり親への就業支援**を行っています。受けられそうな支援があれば、積極的に利用しましょう。

仕事を見つけたいなら

母子家庭等就業・自立支援センター（➡P.180）、**ハローワーク**、**マザーズハローワーク**は、就業に関する幅広い相談に応じてくれ、書類作成や面接のアドバイス、職業紹介も行っています。

また、多くの自治体では、**母子・父子自立支援プログラム策定事業**を実施しています。専門の支援員が、ひとり親それぞれの状況やニーズに応じた自立支援プログラムを作成して、継続的に支援します。

就職に有利な資格の取得を目指すなら

看護師、介護福祉士、保育士など、就職に有利な資格の取得を目指して養成機関へ通う場合は、**母子家庭及び父子家庭自立支援給付金事業**や、**ひとり親家庭高等職業訓練促進資金貸付事業**を利用できます。資格講座やパソコン講座など、厚生労働省や自治体が指定した教育講座を受講した場合も、給付が受けられます。

このほか、民間のひとり親向け就職・転職サイトや就業支援サービスもあるので、必要に応じてそちらを利用するのもいいでしょう。

ポイント

- 就業相談や自立支援プログラムを通して、**仕事探しから就職後まで支援**してもらえる。
- 就職につながる教育や職業訓練への**資金の給付または貸付け**を受けられる。

活用しよう！　ひとり親への就業支援

	名称	内容	問い合わせ先
就業相談・職業紹介	母子家庭等就業・自立支援センター	ひとり親のための就業相談、研修や講習会、就職情報の提供を行っている。養育費や面会交流の相談もできる。	お住まいの都道府県の母子家庭等就業・自立支援センター
	ハローワーク	児童扶養手当受給者等を対象に、自治体と連携して支援をしている。	最寄りのハローワーク
	マザーズハローワーク	通常のハローワークの求人に加え、仕事と子育ての両立に理解がある企業の求人が豊富。子連れでも相談しやすい環境が整っている。	最寄りのマザーズハローワーク
就業推進	ひとり親家庭の在宅就業推進事業	在宅就業を希望するひとり親に対して、パソコンを利用した在宅業務で収入を得られるよう、専門のコーディネーターが支援する。	お住まいの自治体
自立支援プログラム	母子・父子自立支援プログラム策定事業	専門の支援員が、個人のニーズや状況に応じて目標や課題を設定した自立支援プログラムを作成し、ハローワークと連携して仕事探しから就職後まで支援する。	
教育・職業訓練への支援	母子家庭及び父子家庭自立支援給付金事業	指定の教育訓練を受講したひとり親に対して、修了後に受講料の一部を支給する。また、ひとり親が指定の資格取得のため一定期間以上養成機関で学ぶ場合の生活費を支給する。	
	ひとり親家庭高等職業訓練促進資金貸付事業	就職に有利な資格の取得を目指して養成機関で学ぶひとり親に貸付けを行う。条件を満たせば、貸付金の返還は免除される。	
	高等学校卒業程度認定試験合格支援事業	高卒認定試験合格のための講座を受け、修了したときおよび合格したときに、受講費用の一部を支給する。	

（すべて、父子家庭の父も利用できる）

押さえておこう！

くわしくは、内閣府男女共同参画局ホームページ「ひとり親家庭の方への就業支援（https://www.gender.go.jp/policy/sokushin/ouen/employment/single/）」や、お住まいの自治体のホームページで確認しましょう。

離婚後の手続き 11

2024年4月から変わる 再婚するときに知っておくべきこと

母が再婚してから生まれた子は、再婚後の夫の子

民法が改正され、2024年4月より、再婚に関するルールが変わります。特に押さえておきたいのは、嫡出推定の見直しと再婚禁止期間の廃止です。

嫡出推定とは、生まれた子の父親が誰であるかを法律で決めることです。これまでは、離婚から300日以内に生まれた子は、前の夫の子と推定していました。ところが、前の夫の子としたくない母親が出生届を出さず、戸籍のない子が生じる原因となっていました。そこで、離婚から300日以内に子が生まれても、**母が再婚してから生まれた子は、再婚後の夫の子**と推定することになりました。

女性の再婚禁止期間の廃止

これに伴い、**女性が離婚から100日以内に再婚することを禁止する規定が廃止**されることになりました。現在の民法には、「離婚から300日以内に生まれた子は前の夫の子」と「結婚（再婚）後200日以降に生まれた子は夫（再婚後の夫）の子」という規定があります。そのため、離婚後すぐに再婚して妊娠した場合、前の夫の子と推定される期間と現在の夫の子と推定される期間が100日間重なります。すると、再婚後に生まれた子の父親が、前の夫か現在の夫かが法律上わからなくなるので、女性だけに100日間の再婚禁止期間がありました。しかし、再婚後に生まれた子は現在の夫の子と推定することになったので、再婚禁止期間を設ける必要がなくなりました。

ポイント

- 母が再婚してから生まれた子は、**再婚後の夫の子**。
- 男性だけでなく、**女性も離婚後すぐ再婚できる**。

子どもの父親の推定と再婚禁止期間はどう変わる？

- 離婚から 300 日以内に生まれた子でも、再婚していれば再婚後の夫の子
- 女性の 100 日の再婚禁止期間が廃止。女性も離婚後すぐ再婚できる

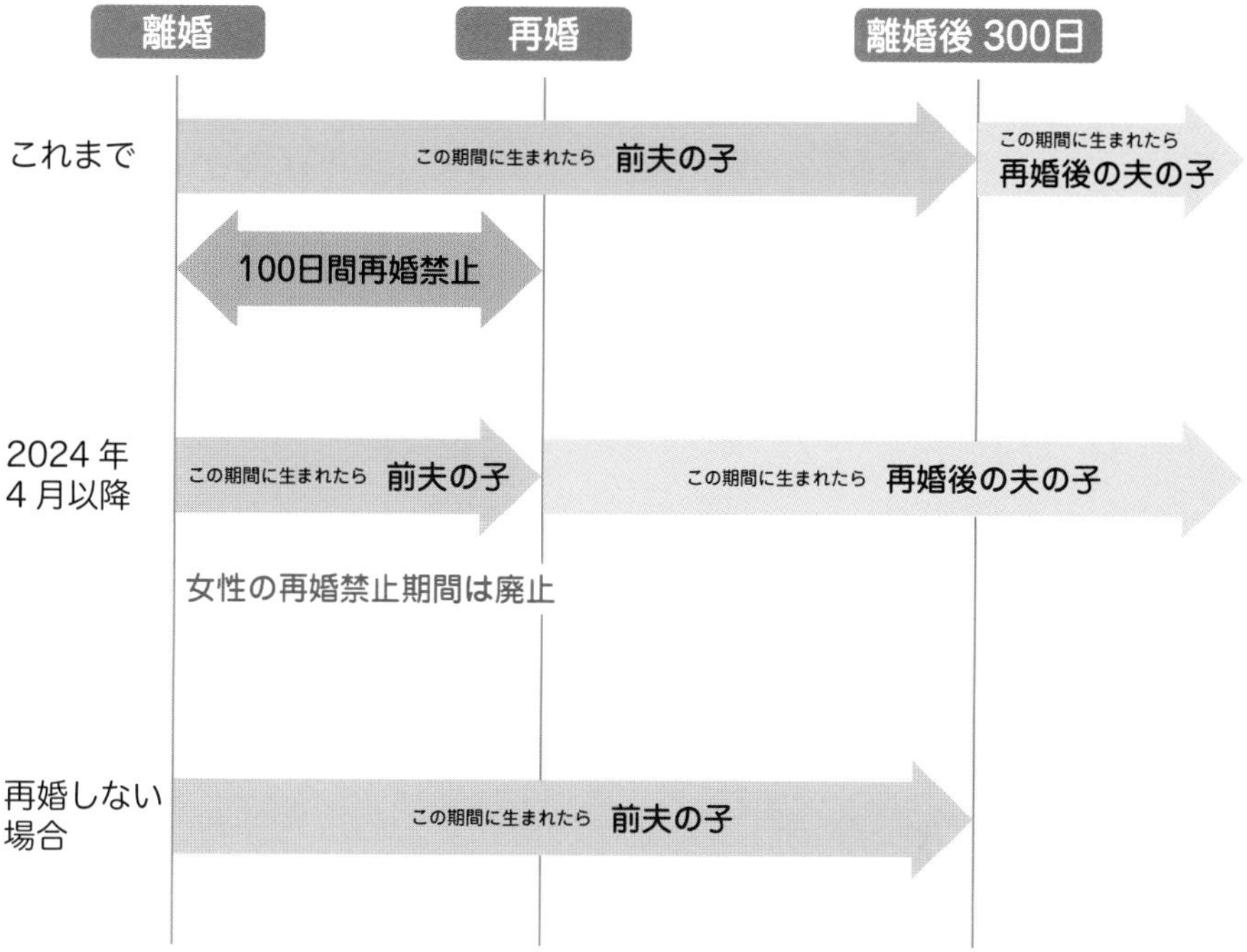

再婚しない場合は、離婚後 300 日以内に生まれた子は前夫の子です。再婚しないけれど、法律上の父親を前夫の子にしたくないときは、出生届を提出する際に、離婚後に妊娠したことがわかる医師の証明書（懐胎時期に関する証明書）を添付すれば、前夫の子とはせず出生届が受理される可能性があります。また、子または母が嫡出否認（結婚しているときや離婚後 300 日以内に生まれた子との法律上の父子関係を否認すること）の訴えを家庭裁判所に提起するという方法もあります。これまで、摘出否認の訴えを提起できるのは夫だけでしたが、民法改正により、子または母も提起できるようになりました。

子連れ再婚

子どもの戸籍と姓をどうするか

子どもの戸籍と姓を決める

子連れで再婚するときは、子どもの戸籍と姓を決める必要があります。

もし、母（父）が子どもの戸籍の筆頭者で、その戸籍に再婚相手が入る場合、子どもの戸籍や姓に変更はないので、**子どもに関する手続きは特に必要ありません**。

母（父）が再婚相手の戸籍に入る場合、子どもは元の戸籍に残ったままです。それでも法律上は問題ありませんが、**母（父）と子の戸籍と姓は別々になります**。

子どもを同じ戸籍に入れたい場合

母（父）と子が同じ戸籍に入って、同じ姓を名乗り、再婚相手と連れ子を法律上の親子関係にしたいときは、養子縁組をします。

養子縁組には、実親との親子関係を維持したまま養親とも親子関係になる普通養子縁組と、実親との親子関係を断ち切り、養親とのみ親子関係になる特別養子縁組があります。子連れ再婚では、普通養子縁組が一般的です。

養子縁組をすると、再婚相手には連れ子の扶養義務が発生し、連れ子は再婚相手の相続権を取得します。普通養子縁組であれば、実親との親子関係も続くので、子は実親と養親、両方の相続権を持つことになります。

養子縁組はしたくないけれども、子を母（父）と同じ戸籍と姓に変えたい場合は、家庭裁判所に**「子の氏の変更許可」**を申し立てます。この手続きにより、子の姓が再婚する二人と同じになれば、同じ戸籍に入れることができます。

ポイント

- 子連れの人が再婚相手の戸籍に入る場合、**手続きをしないと、子とは戸籍と姓が別**になる。
- 戸籍と姓を子と同一にするには、**養子縁組をする**か、**子の氏の変更許可**を申し立てる。

子連れ再婚の場合の子どもの戸籍と姓の手続き

子（山田翔太）のいる母（山田真紀）が、中村太郎と再婚する場合

1 母が筆頭者の戸籍に再婚相手が入る場合、母子の戸籍と姓は同じまま。夫と子を親子関係にするときは、養子縁組をする

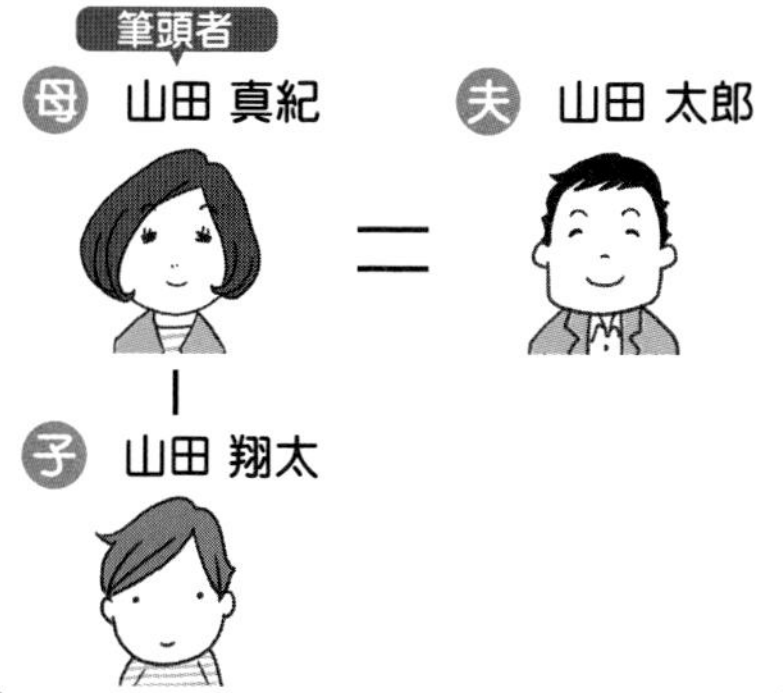

2 母が再婚相手の戸籍に入る場合、手続きをしなければ子は元の戸籍のまま。母子は別の姓を名乗る

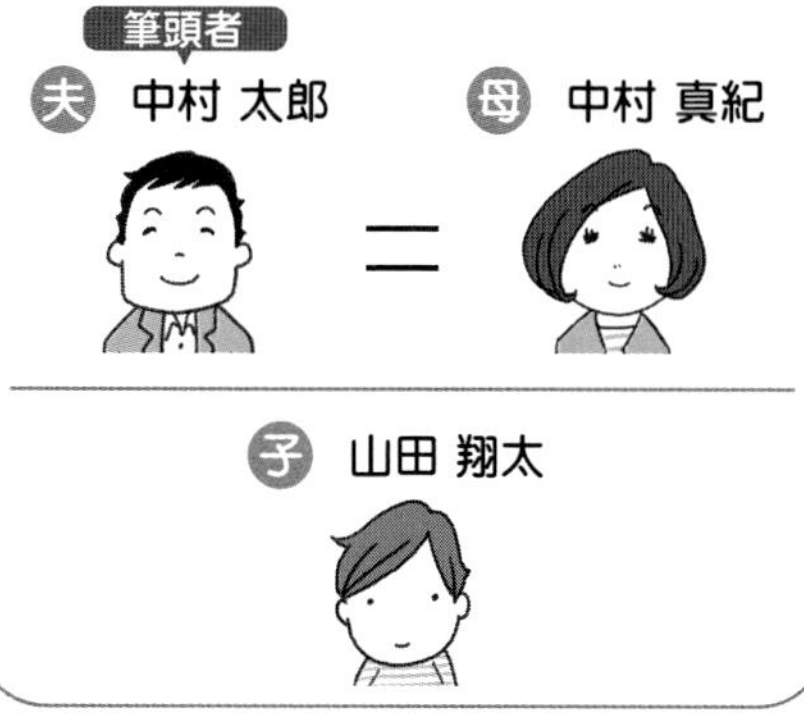

3 母が再婚相手の戸籍に入る場合、再婚相手と連れ子を養子縁組すると、子どもの戸籍と姓は母と同じになる

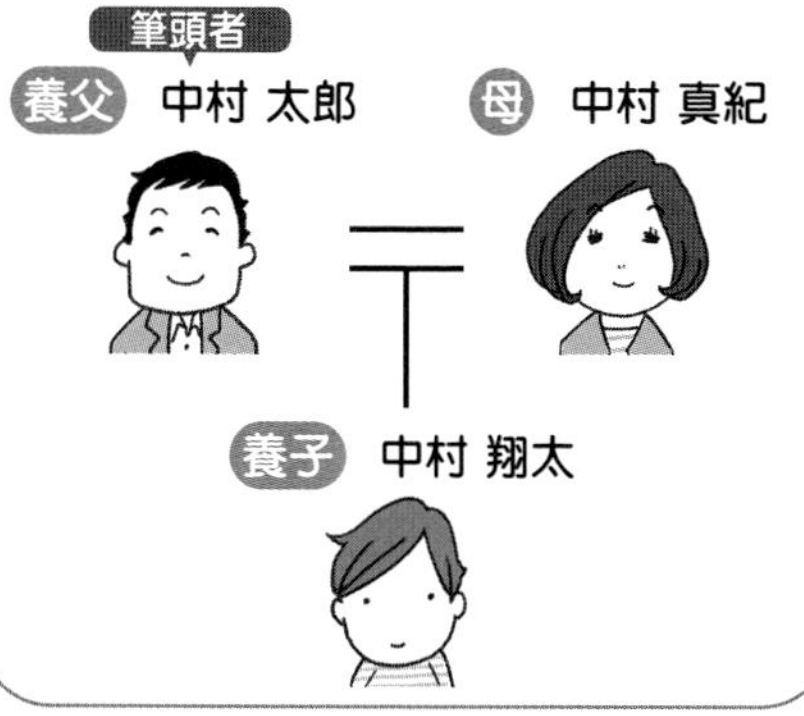

4 母が再婚相手の戸籍に入る場合、「子の氏の変更許可」を申し立てると、子どもの戸籍と姓を母と同じにできる。夫と子に親子関係はない

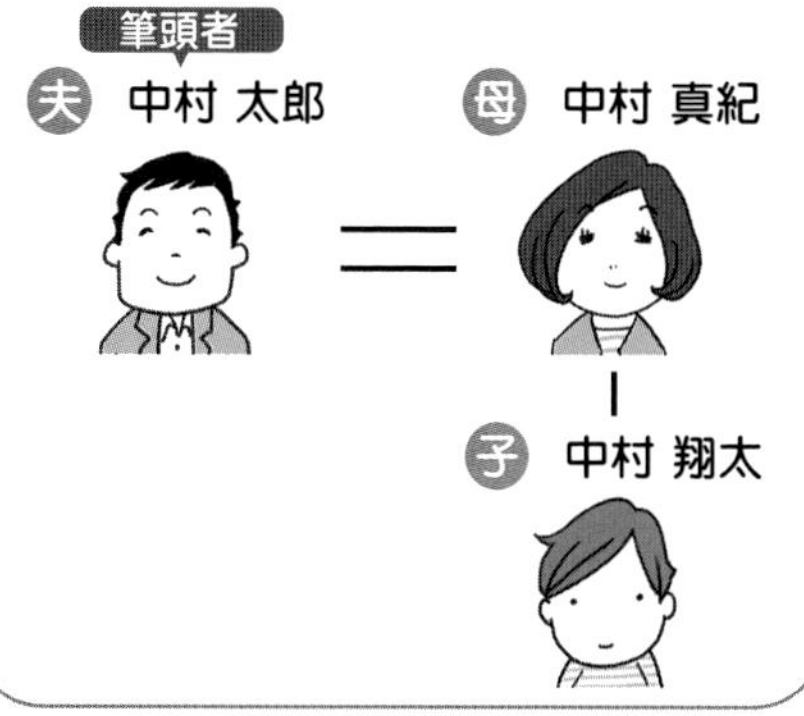

押さえておこう！

子どもが再婚相手と養子縁組をすると、子どもの扶養義務は実親よりも養親が優先されますが、実親から引き続き養育費を受け取ることができます。ただし、再婚相手が経済的に安定している場合は、減額や免除を請求されることがあります。

ひとり親の就業を支援する

母子家庭等就業・自立支援センター

ひとり親の就職は簡単ではありません。また、就職できても十分な収入が得られず、生活の苦しい家庭がたくさんあるのが現状です。そこで、ひとり親が仕事に就き、安定した生活を送れるようサポートしてくれるのが、母子家庭等就業・自立支援センターです。各都道府県の県庁所在地を中心に設置されています。

一人ひとりの意向、能力、就業経験、家庭状況などに配慮して求人情報を提供してくれるうえ、履歴書や面接のアドバイスをしてくれるのが魅力。就業経験のない人や専業主婦の期間が長く就職に不安がある人でも就職できるよう、就職準備のセミナー、パソコン講習、介護職員初任者研修なども行っています。このような支援を受けても、就職できるかどうかは自分次第。企業研究と準備をしっかり行い、面接では自分の能力とやる気をアピールしましょう。

なお、子育て中の親向けの求人情報を提供しているマザーズハローワークも要チェック。キッズスペースや授乳室が設置されているので、子連れで訪れやすくなっています。ひとり親のみを対象としているわけではありませんが、仕事と子育ての両立に理解のある企業の求人を公開しているので、積極的に活用しましょう。

母子家庭等就業・自立支援センターで得られる６つの支援

1. 就業支援
ひとり親家庭に理解のある相談員が相談に応じ、アドバイスしてくれる。

2. 就業支援講習会の実施
就職準備、転職、起業セミナー、就職が有利になるスキル、資格を習得する研修を行う。

3. 就職情報の提供
一人ひとりに応じた求人情報を提供する。

4. 在宅就業の推進
在宅で仕事をしたい人にノウハウを提供する。

5. 養育費の支援
養育費の取り決めや支払いに関する法律相談を行う。

6. 面会交流支援
スムーズに面会交流ができるようにする。

巻末資料

離婚相談窓口一覧

離婚に関して悩んでいることがあったら、ひとりで考え込まずに、親や友人など身のまわりの第三者に相談しましょう。ここでは、さらに客観的な意見や専門的なアドバイスが必要なときに利用できる相談窓口を紹介します。

離婚に関する
法律相談・法的手続き

離婚について、夫婦の話し合いだけで解決しないときは、専門家に相談して、できるだけスムーズに手続きを進めましょう。

相談・援助の申込み

法テラス（日本司法支援センター）

P.183

・弁護士の紹介　・裁判費用の立替え

法テラスの法律相談

☎ 0570-078374（月曜～金曜 9:00～21:00、土曜～17:00）

✉ メールでの相談

http://www.houterasu.or.jp

「慰謝料はもらえる?」「親権を取るには?」のような法律相談は、市区町村役場や法テラスでも、無料で相談に応じてくれます。ただし、離婚専門の弁護士に相談できるとは限りません。

相談・弁護士の紹介依頼

弁護士会

P.186

離婚調停申立て

家庭裁判所

P.188

・調停離婚

調停不成立の場合

家庭裁判所

P.188

・和解離婚
・裁判離婚　など

法テラスとは？

法的トラブルを解決するために必要な情報やサービスを提供してくれる窓口で、法律に関するさまざまな情報提供、法律相談、弁護士費用の立替えなどを行っています。利用する場合は、次の❶〜❸を満たし、日本に住所があることが条件となります。

1回の相談時間は30分間程度で、相談回数は1つの問題について3回まで。

❶ 収入と資産が一定額以下であること

＜収入＞

申込者と配偶者の手取り月収額（賞与を含む）が下表の金額以下であること。
離婚の相談などで配偶者が相談内容の相手の場合は、配偶者の収入を含めない。

家族の人数	手取り月収額の基準（※1）	家賃または住宅ローンを負担している場合に加算できる限度額（※2）
単身	18万2,000円以下 （20万200円以下）	4万1,000円以下 （5万3,000円以下）
2人家族	25万1,000円以下 （27万6,100円以下）	5万3,000円以下 （6万8,000円以下）
3人家族	27万2,000円以下 （29万9,200円以下）	6万6,000円以下 （8万5,000円以下）
4人家族	29万9,000円以下 （32万8,900円以下）	7万1,000円以下 （9万2,000円以下）

以下、同居家族が1名増えるごとに基準額に3万円（3万3,000円）を加算

（※1）　東京、大阪など生活保護一級地の場合は、（　）内の基準を適用
（※2）　居住地が東京特別区の場合は（　）内の基準を適用

＜資産＞

申込者と配偶者の現金・預貯金と不動産（自宅、係争物件を除く）、有価証券などの時価の合計額が下表の金額以下であること。
離婚の相談などで配偶者が相談内容の相手の場合は、配偶者の資産を含めない。

家族の人数	単身	2人家族	3人家族	4人家族
資産合計額の基準（※）	180万円以下	250万円以下	270万円以下	300万円以下

（※）3か月以内に医療費、教育費の出費予定がある場合は、相当額が控除される

❷ 勝訴の見込みがないとはいえないこと

和解、調停、示談などによって解決する見込みがある場合も含む

❸ 民事法律扶助の趣旨に適すること

報復したいだけや宣伝のための場合などは、相談不可

配偶者の暴力から身を守る

DV やモラハラについての相談、一時保護など、配偶者の暴力に悩んだときは、問題が大きくなる前に身を守る対策をしましょう。

電話相談（内閣府男女共同参画局）

DV 相談ナビ

☎ # 8008

保護命令や仮処分命令の申立て

地方裁判所

・保護命令➡ P.126
　接近禁止命令、電話等禁止命令、退去命令　など
・仮処分命令

受診（けがをした場合）

病院

・被害者の発見　・治療
・診断書の作成
・支援センター情報の提供

相談・被害申告※緊急の場合は通報

警察

・被害者の保護　・相談
・加害者の検挙
・ストーカー規制法に基づく警告等
・警察本部長等の援助

相談・避難

配偶者暴力相談支援センター

・被害者の保護　・相談
・一時保護　・自立生活の促進

民間シェルター

・被害者の一時保護　・相談
・自立へ向けたサポート

*配偶者暴力相談支援センターから一時保護が委託される場合あり

離婚、DV、自立支援を総合的に行う　女性センター

各都道府県や各市区町村などが自主的に設置している施設で、DV やモラハラを含む夫婦間の関係や、子育て、各種手当についてなど、女性が相談するための総合的な受け入れ体制が整っている。

用語解説　**配偶者暴力相談支援センター**　配偶者からの暴力の防止および被害者保護のため、相談や相談機関の紹介、被害者のカウンセリングや一時保護、自立支援などを行う。

自立生活のための支援

離婚後の生活をサポートしてくれる施設や制度はさまざまあります。
市区町村役場などに相談して、自身に合った制度を活用しましょう。

就業支援

ハローワークなど

- 就職あっせん　・就職情報の提供
- 職業訓練校の紹介
- 給付金（一般教育訓練給付、専門実践教育訓練給付）の受給決定

子どもを預ける ➡P.98、168

保育園・認定子ども園など

- 子ども家庭支援センター
- 一時保育
- トワイライトステイ（放課後～夜間）
- ショートステイ　など

住居の確保

公営住宅・民間アパート

定期的に募集を行う、空きが出たときに募集するなど、自治体によって募集要項は異なるので、住む予定の市区町村役場に問い合わせを。

相談・避難を窓口とした自立支援

婦人相談所

一時保護

婦人保護施設

- 被害者の心理的ケア
- 生活支援など自立のための支援

社会福祉制度の利用 ➡P.172

自治体の福祉窓口　福祉事務所

- 生活保護の受給決定
- 児童扶養手当の受給決定
- 母子父子寡婦福祉資金の受給決定
- ひとり親家庭等医療費助成の決定
- 母子生活支援施設入所の決定

など

全国の弁護士会

全国の弁護士会での法律相談をインターネットまたは電話で予約できます

●ひまわり相談ネット
https://www.soudan-yoyaku.jp/

●ひまわりお悩み 110 番
☎ 0570-783-110

※近くの弁護士会の相談センターにつながります。受付時間や受付方法などは弁護士会によって異なります。

北海道	札幌弁護士会	〒060-0001	札幌市中央区北一条西 10 丁目 札幌弁護士会館 7F	011-281-2428
	函館弁護士会	〒040-0031	函館市上新川町 1-3	0138-41-0232
	旭川弁護士会	〒070-0901	旭川市花咲町 4	0166-51-9527
	釧路弁護士会	〒085-0824	釧路市柏木町 4 番 3 号	0154-41-0214
東北地方	仙台弁護士会	〒980-0811	仙台市青葉区一番町 2-9-18	022-223-1001
	福島県弁護士会	〒960-8115	福島市山下町 4-24	024-534-2334
	山形県弁護士会	〒990-0042	山形市七日町 2-7-10 NANA BEANS 8 階	023-622-2234
	岩手弁護士会	〒020-0022	盛岡市大通1-2-1 岩手県産業会館本館2階	019-651-5095
	秋田弁護士会	〒010-0951	秋田市山王 6-2-7	018-862-3770
	青森県弁護士会	〒030-0861	青森市長島 1 丁目 3 番 1 号 日赤ビル 5 階	017-777-7285
関東・甲信越地方	東京弁護士会	〒100-0013	千代田区霞が関 1-1-3 弁護士会館 6 階	03-3581-2201
	第一東京弁護士会	〒100-0013	千代田区霞が関 1-1-3 弁護士会館 11 階	03-3595-8585
	第二東京弁護士会	〒100-0013	千代田区霞が関 1-1-3 弁護士会館 9 階	03-3581-2255
	神奈川県弁護士会	〒231-0021	横浜市中区日本大通 9	045-201-1881
	埼玉弁護士会	〒330-0063	さいたま市浦和区高砂 4-7-20	048-863-5255
	千葉県弁護士会	〒260-0013	千葉市中央区中央 4-13-9	043-227-8431
	茨城県弁護士会	〒310-0062	水戸市大町 2-2-75	029-221-3501
	栃木県弁護士会	〒320-0845	宇都宮市明保野町 1 番 6 号	028-689-9000
	群馬弁護士会	〒371-0026	前橋市大手町 3-6-6	027-233-4804
	静岡県弁護士会	〒420-0853	静岡市葵区追手町 10-80 静岡地方裁判所構内	054-252-0008
	山梨県弁護士会	〒400-0032	甲府市中央 1-8-7	055-235-7202
	長野県弁護士会	〒380-0872	長野市妻科 432	026-232-2104
	新潟県弁護士会	〒951-8126	新潟市中央区学校町通一番町 1 新潟地方裁判所構内	025-222-5533

東海・北陸地方	愛知県弁護士会	〒460-0001	名古屋市中区三の丸 1-4-2	052-203-1651
	三重弁護士会	〒514-0036	津市丸之内養正町 1-1	059-228-2232
	岐阜県弁護士会	〒500-8811	岐阜市端詰町 22	058-265-0020
	福井弁護士会	〒910-0004	福井市宝永 4-3-1 サクラ N ビル 7 階	0776-23-5255
	金沢弁護士会	〒920-0937	金沢市丸の内 7 番 36 号	076-221-0242
	富山県弁護士会	〒930-0076	富山市長柄町 3-4-1	076-421-4811
近畿地方	大阪弁護士会	〒530-0047	大阪市北区西天満 1-12-5	0570-783-748
	京都弁護士会	〒604-0971	京都市中京区富小路通丸太町下ル	075-231-2378
	兵庫県弁護士会	〒650-0016	神戸市中央区橘通 1-4-3	078-341-7061
	奈良弁護士会	〒630-8237	奈良市中筋町 22 番地の 1	0742-22-2035
	滋賀弁護士会	〒520-0051	大津市梅林 1-3-3	077-522-2013
	和歌山弁護士会	〒640-8144	和歌山市四番丁 5 番地	073-422-4580
中国地方	広島弁護士会	〒730-0012	広島市中区上八丁堀 2 番 73 号	082-228-0230
	山口県弁護士会	〒753-0045	山口市黄金町 2-15	083-922-0087
	岡山弁護士会	〒700-0807	岡山市北区南方 1 丁目 8 番 29 号	086-223-4401
	鳥取県弁護士会	〒680-0011	鳥取市東町 2 丁目 221 番地	0857-22-3912
	島根県弁護士会	〒690-0886	松江市母衣町 55 番地 4 松江商工会議所ビル 7 階	0852-21-3225
四国地方	香川県弁護士会	〒760-0033	高松市丸の内 2-22	087-822-3693
	徳島弁護士会	〒770-0855	徳島市新蔵町 1-31	088-652-5768
	高知弁護士会	〒780-0928	高知市越前町 1-5-7	088-872-0324
	愛媛弁護士会	〒790-0003	愛媛県松山市三番町 4-8-8	089-941-6279
九州地方	福岡県弁護士会	〒810-0044	福岡市中央区六本松 4 丁目 2 番 5 号	092-741-6416
	佐賀県弁護士会	〒840-0833	佐賀市中の小路 7-19	0952-24-3411
	長崎県弁護士会	〒850-0875	長崎市栄町 1-25 長崎 MS ビル 4 階	095-824-3903
	大分県弁護士会	〒870-0047	大分市中島西 1-3-14	097-536-1458
	熊本県弁護士会	〒860-0078	熊本市中央区京町 1-13-11	096-325-0913
	鹿児島県弁護士会	〒892-0815	鹿児島市易居町 2-3	099-226-3765
	宮崎県弁護士会	〒880-0803	宮崎市旭 1-8-45	0985-22-2466
	沖縄弁護士会	〒900-0014	沖縄県那覇市松尾 2-2-26-6	098-865-3737

全国の家庭裁判所

●北海道

札幌家庭裁判所	〒060-0042	北海道札幌市中央区大通西 12	011-221-7281
旭川家庭裁判所	〒070-8641	北海道旭川市花咲町 4	0166-51-6251
釧路家庭裁判所	〒085-0824	北海道釧路市柏木町 4-7	0154-99-1222
函館家庭裁判所	〒040-8602	北海道函館市上新川町 1-8	0138-38-2370

●東北地方

青森家庭裁判所	〒030-8523	青森県青森市長島 1-3-26	017-722-5732
秋田家庭裁判所	〒010-8504	秋田県秋田市山王 7-1-1	018-824-3121
盛岡家庭裁判所	〒020-8520	岩手県盛岡市内丸 9-1	019-622-3452
山形家庭裁判所	〒990-8531	山形県山形市旅篭町 2-4-22	023-623-9511
仙台家庭裁判所	〒980-8637	宮城県仙台市青葉区片平 1-6-1	022-222-4165
福島家庭裁判所	〒960-8512	福島県福島市花園町 5-38	024-534-2156

●関東・甲信越地方

東京家庭裁判所	〒100-8956	東京都千代田区霞が関 1-1-2	03-3502-8331
横浜家庭裁判所	〒231-8585	神奈川県横浜市中区寿町 1-2	045-345-3463
さいたま家庭裁判所	〒330-0063	埼玉県さいたま市浦和区高砂 3-16-45	048-863-8844
千葉家庭裁判所	〒260-0013	千葉県千葉市中央区中央 4-11-27	043-333-5327
水戸家庭裁判所	〒310-0062	茨城県水戸市大町 1-1-38	029-224-8175
宇都宮家庭裁判所	〒320-8505	栃木県宇都宮市小幡 1-1-38	028-621-4854
前橋家庭裁判所	〒371-8531	群馬県前橋市大手町 3-1-34	027-231-4275
甲府家庭裁判所	〒400-0032	山梨県甲府市中央 1-10-7	055-213-2541
静岡家庭裁判所	〒420-8604	静岡県静岡市葵区城内町 1-20	054-273-8768
長野家庭裁判所	〒380-0846	長野県長野市旭町 1108	026-403-2038
新潟家庭裁判所	〒951-8513	新潟県新潟市中央区川岸町 1-54-1	025-266-3171

●中部・北陸地方

名古屋家庭裁判所	〒460-0001	愛知県名古屋市中区三の丸 1-7-1	052-223-3411
津家庭裁判所	〒514-8526	三重県津市中央 3-1	059-226-4711
岐阜家庭裁判所	〒500-8710	岐阜県岐阜市美江寺町 2-4-1	058-262-5346
富山家庭裁判所	〒939-8502	富山県富山市西田地方町 2-9-1	076-421-8154
金沢家庭裁判所	〒920-8655	石川県金沢市丸の内 7-1	076-221-3111
福井家庭裁判所	〒910-8524	福井県福井市春山 1-1-1	0776-91-5069

●近畿地方

大阪家庭裁判所	〒540-0008	大阪府大阪市中央区大手前 4-1-13	06-6943-5745
京都家庭裁判所	〒606-0801	京都府京都市左京区下鴨宮河町 1	075-722-7211
大津家庭裁判所	〒520-0044	滋賀県大津市京町 3-1-2	077-503-8151
和歌山家庭裁判所	〒640-8143	和歌山県和歌山市二番丁 1	073-428-9959
奈良家庭裁判所	〒630-8213	奈良県奈良市登大路町 35	0742-88-6521
神戸家庭裁判所	〒652-0032	兵庫県神戸市兵庫区荒田町 3-46-1	078-521-5930

●中国地方

岡山家庭裁判所	〒700-0807	岡山県岡山市北区南方 1-8-42	086-222-6771
鳥取家庭裁判所	〒680-0011	鳥取県鳥取市東町 2-223	0857-22-2171
松江家庭裁判所	〒690-8523	島根県松江市母衣町 68	0852-35-5200
広島家庭裁判所	〒730-0012	広島県広島市中区上八丁堀 1-6	082-228-0494
山口家庭裁判所	〒753-0048	山口県山口市駅通り 1-6-1	083-922-9148

●四国地方

高松家庭裁判所	〒760-8585	香川県高松市丸の内 2-27	087-851-1942
徳島家庭裁判所	〒770-8528	徳島県徳島市徳島町 1-5-1	088-603-0140
高知家庭裁判所	〒780-8558	高知県高知市丸ノ内 1-3-5	088-822-0442
松山家庭裁判所	〒790-0006	愛媛県松山市南堀端町 2-1	089-942-0077

●九州・沖縄地方

福岡家庭裁判所	〒810-8652	福岡県福岡市中央区六本松 4-2-4	092-711-9651
長崎家庭裁判所	〒850-0033	長崎県長崎市万才町 6-25	095-822-6151
佐賀家庭裁判所	〒840-0833	佐賀県佐賀市中の小路 3-22	0952-23-3161
大分家庭裁判所	〒870-8564	大分県大分市荷揚町 7-15	097-532-7161
熊本家庭裁判所	〒860-0001	熊本県熊本市中央区千葉城町 3-31	096-206-3534
宮崎家庭裁判所	〒880-8543	宮崎県宮崎市旭 2-3-13	0985-68-5146
鹿児島家庭裁判所	〒892-8501	鹿児島県鹿児島市山下町 13-47	099-222-7121
那覇家庭裁判所	〒900-8603	沖縄県那覇市樋川 1-14-10	098-855-1000

索　引

●監修：**森元みのり**

森法律事務所副代表弁護士。東京大学法学部卒業。2006年、弁護士登録（東京弁護士会）、森法律事務所入所。以来、一貫して離婚問題に取り組む。著書に、「簡易算定表だけでは解決できない養育費・婚姻費用算定事例集」「２分の１ルールだけでは解決できない財産分与額算定・処理事例集」（共に新日本法規出版、共著）など。森法律事務所 https://www.mori-law-office.com/

● staff
マンガ・イラスト　すぎやまえみこ
カバーデザイン　宮下ヨシヲ（Siphon Graphica）
デザイン　ウエイド、佐久間裕子
執筆　山崎香織
編集・マンガ原案　エディット（山﨑俊和、鈴木有加、海谷紀和子、近藤真弓）

※本書は『前向き離婚の教科書』（2017年小社刊）に加筆修正し、内容を更新したものです。

イラストと図解《ずかい》でよくわかる！
増補改訂版《ぞうほかいていばん》　前向《まえむ》き離婚《りこん》の教科書《きょうかしょ》

2023年12月20日　第１刷発行

監修者　森元《もりもと》みのり
発行者　吉田芳史
印刷所　株式会社光邦
製本所　株式会社光邦
発行所　株式会社 日本文芸社
〒100-0003　東京都千代田区一ツ橋1-1-1　パレスサイドビル８Ｆ
TEL 03-5224-6460（代表）
Printed in Japan　112231208-112231208Ⓝ01　（290071）
ISBN978-4-537-22166-4
URL　https://www.nihonbungeisha.co.jp/

（編集担当：河合）

乱丁・落丁本などの不良品がありましたら、小社製作部までお送りください。
送料小社負担にておとりかえいたします。

内容に関するお問い合わせは、小社ウェブサイトお問い合わせフォームまでお願いいたします。
https://www.nihonbungeisha.co.jp/